나의

작은
화판

나의 작은 화판

권윤덕 지음

권윤덕의 그림책 이야기

2020년 5월 29일 초판 1쇄 발행
2021년 12월 10일 초판 4쇄 발행

펴낸이 한철희
펴낸곳 돌베개
등록 1979년 8월 25일 제406-2003-000018호
주소 (10881) 경기도 파주시 회동길 77-20 (문발동)
전화 (031) 955-5020 팩스 (031) 955-5050
홈페이지 www.dolbegae.co.kr 전자우편 book@dolbegae.co.kr
블로그 blog.naver.com/imdol79 트위터 @dolbegae79 페이스북 /dolbegae

주간 김수한
편집 윤현아
표지디자인 박연미 본문디자인 박연미·이연경 스캔 채희만
마케팅 심찬식·고운성·한광재
제작·관리 윤국중·이수민·한누리
인쇄·제본 상지사

ISBN 978-89-7199-469-6 (03810)

책값은 뒤표지에 있습니다.

이 도서의 국립중앙도서관 출판예정도서목록(CIP)은
서지정보유통지원시스템 홈페이지(http://seoji.nl.go.kr)와
국가자료공동목록시스템(http://www.nl.go.kr/kolisnet)에서 이용하실 수 있습니다.
(CIP제어번호: CIP2020019108)

권윤덕 지음

나의

작은
화판

권윤덕의
그림책

이야기

돌베개

일러두기

1. 맞춤법과 외래어 표기법은 국립국어원의 용례를 따랐다. 다만 관용적으로 굳어진 표기의 경우 절충해 통용되는 쪽으로 썼다.
2. 책 제목은 겹낫표(『 』)로, 소논문·신문기사는 낫표(「 」)로, 노래명·프로그램명·전시명은 홑꺾쇠(〈 〉)로 묶었다.
3. 인명의 원어와 생몰연대는 표기가 필요하다고 판단한 경우 제일 처음 등장할 때 병기하는 것을 원칙으로 삼았으나, 이해를 돕기 위해 중복 병기하기도 했다.
4. 그림 설명에서 더미북 뒤에 붙은 숫자는 '번째'를 의미한다. 가령 '더미북5'는 해당 책을 준비하며 다섯 번째로 만들었던 더미북을 지칭한다.

책을 열며
세 개의 방

내 머릿속에는 세 개의 방이 있다. 일상을 살아가는 현실의 방, 작품 구상을 넣어 두는 창작의 방, 그리고 그 누구의 간섭 없이 제멋대로 노니는 꿈결의 방. 보통 하루의 절반 이상은 현실의 방에 머물지만, 집에서 호젓한 시간이 되면 창작의 방에 들어가 서랍 속에 넣어 둔 낱말이나 문장, 조각 그림 들을 꺼내 잇고 부풀려 작업 노트나 화선지에 옮긴다. 어느 날은 불현듯 꿈결의 방으로 뛰어들어가 얼토당토않은 몽상을 능청맞게 꾸미거나 세상을 떠난 그리운 것들, 아주 멀리 떨어져 있는 낯선 것들을 찾아 나서기도 한다. 대중교통을 타고 어딘가로 이동할 때도 창밖으로 느릿느릿 흘러가는 먼 풍경을 따라 나도 모르게 꿈결의 방으로 찾아들어 간다. 기차에서 내려 처음 맞닥뜨린 곳의 새벽 냄새, 내 등을 살짝살짝 밀어 주며 함께 걷는 햇살, 땅바닥을 들추고 기어 나와 발길을 막아서는 나무뿌리도 나를 꿈결의 방으로 이끈다.

창작의 방 서랍 속 물건들은 모두 이런 꿈결에서 주워 온 것이다. 현실의 방은 늘 즐거운 웃음소리, 요란하게 싸우는 소리, 부랴부랴 재촉하는 소리로 들썩이는데, 그것이 버거워질 때면 잡히는 대로 하나씩 양손에 들고 창작의 방으로 숨어든다. 아무리 슬프고 아픈 일도 분류해 넣어둘 서랍이 있고, 언제든 손이 갈 때까지 기다려 줄 여유가 있는 곳으로.

세 개의 방은 각각 저마다의 속도로 시간이 흐른다. 거기에는 『만희네 집』을 출간한 1995년부터 지금까지, 글을 쓰고 그림을 그려 만든 열 권의 그림책이 모두 새겨져 있다. 그때그때 품었던 현실의 고민, 창작의 과제, 꿈결 같은 상상이 쟁여 있다.

『나의 작은 화판』은 세 개의 방을 오가며 25년 동

안 한 권 한 권 만들어 낸 나의 그림책 작업 과정과 일상의 이야기를 담은 책이다. 그동안 썼던 작가 노트를 다시 읽고, 켜켜이 쌓아 놓은 더미북을 꺼내고, 탐색선으로 가득한 드로잉을 들추고, 작업을 위해 모아뒀던 자료들을 훑고, 강연장에서 만났던 독자들의 이야기를 떠올리며 엮었다. 이야기 사이사이에 들어간 그림들은 책에 실린 원화가 아니라 구상의 단초를 마련했던 그림, 탐색선을 그어 가며 생각을 정돈했던 그림, 그리고 원화를 그리기 직전의 밑그림이다. 그림 몇 장으로 충분할 수는 없겠지만, 그림책 작가로 살아오면서 가졌던 고민과 내 일상의 단면을 보여주는 데 의미 있을 것 같아 함께 담았다.

    그림책은 글과 그림이 서로 앞서거니 뒤서거니 연결해 가면서 시공간을 만들고 이야기를 풀어 간다. 독자 역시 글과 그림을 오가면서 상상을 싹틔우고, 책장에서 책장으로 옮겨 가며 상상을 키운다. 오래 머물며 침잠하게 하는 장면도 있고, 다음이 궁금해 책장을 훌훌 넘기게 하는 장면도 있다. 마지막 장이 남긴 아쉬움과 여운을 품에 안고 다시 첫 장으로 돌아가면, 지나쳤던 그림들이 하나하나 도드라지며 또 다른 상상을 불러온다. 그림책은 어린이부터 어른까지, 누구나 마음먹으면 몇 번이든 책장을 넘기며 충분히 음미할 수 있으니, 이렇게 매력적인 예술이 또 있을까.

나는 여전히 그림책을 좋아하고, 나만의 매력적인 그림책을 만들고 싶어 한다. 내가 마주한 세상을 나의 작은 화판에 담아 이야기를 짓고 허물며, 그림을 그리고 망치기를 반복하면서 천천히 아름다움과 조화로움, 자연스러움을 찾아 간다. 이 과정에서 만난 사람들, 새롭게 발견한 자료들, 그때그때의 내 느낌과 생각이 가득 담겨 내 작은 화판이 무한히 넓어지고 깊어지기를 바란다.

우리는 누구나 자신만의 작고 하얀 화판을 가지고 태어난다. 화판에 무엇을 담아 어떻게 그려 갈지는 저마다 다를 것이다. 수없이 많은 탐색선을 그을 수밖에 없고, 대부분이 삐뚤고 망친 선투성이겠지만 그것만으로도 충분히 값지지 않을까. 거기서 다시 그려 나갈 실마리 하나쯤은 발견할 수 있을 테니까.

차례

책을 열며__ 세 개의 방 5

1   오직 그림 12

끝과 시작 14 ○ 인연들 20 ○ 만희는 찾고, 나는 찾지 못한 것 23 ○ 오래된 물건들이 품고 있는 이야기 28 ○ 그림을 정말 잘 그리고 싶다 34

2   슬픔 너머 42

꽁꽁 숨겨둔 어린 시절 44 ○ 꽃잎, 하얀 레이스, 종이 인형 49 ○ 몸으로도 입고, 생각으로도 입고 55 ○ 슬픔만큼 커다란 행복 61 ○ 그림을 정말 배우고 싶다 66

3   어린이와 어른 72

1999년, 우주에서 온 편지 74 ○ 책장 속 글자벌레와 글자부스러기벌레 79 ○ 새천년의 어린이들 87 ○ 내 모습 그대로 꿀꺽꿀꺽 92 ○ 거침없이, 마음대로 96

4   여성, 엄마, 해녀   102

"사각은 두부, 두부는 하얗다" 104 ◦ 제주 돌담에서 만난 여자아이 109 ◦ 물질 그리고 영등맞이굿 116 ◦ 돌아다니는 '시리' 124 ◦ 그림으로 주고받는 수수께끼 127

5   고양이와 한 걸음   134

진주 136 ◦ 선택받은 집사 141 ◦ 몸과 마음을 크게 부풀리고 144 ◦ 생명의 심지 152 ◦ 불화 공부 157

6   매일의 일터   162

사람, 일, 도구 164 ◦ 누군가의 일터를 들여다보기까지 170 ◦ 목공소 아저씨와 의사 선생님 176 ◦ 풍작과 흉작 사이 183 ◦ 그림으로 기록한다는 것 188

7   전쟁, '위안부'   196

2006년, 일본에서 온 편지 198 ◦ 꼬리에 꼬리를 무는 질문들 203 ◦ 담담히, 아름답게 210 ◦ 일본과 한국의 어린이들 217 ◦ 그림책이 만든 평화의 연대 224

8   우연히 생존   232

    가출 234 ◦ 네 마리의 개와 아홉 명의 어린이 239 ◦ 그리고 엄마들 248 ◦ 살구부터 피카이아까지 251 ◦ 그림책이 아닌 그림책 257

9   생각이 다른 사람들   266

    다시 섬으로 268 ◦ 안과 밖, 피해자와 가해자 274 ◦ 제주가 꿈꾼 것 280 ◦ 제3의 선로 285 ◦ 파란색 293

10   광장에 서다   302

    촛불 304 ◦ 너와 나의 폭력 310 ◦ 나도 모르게 저질렀던 잘못들 317 ◦ 총과 민주주의 326 ◦ 하얀 화판 331

    책을 닫으며__ 다시 화판 앞에 앉아   338

    그림책 목록   342

1

오직
그림

끝과
시작

『만희네 집』(길벗어린이, 1995)은 작은 빌라에 살던 가족이 할머니 집으로 이사 가려고 짐을 싸는 장면으로 시작한다. 그때 만희와 엄마, 아빠 세 식구는 차림새도 몸짓도 모두 딱 그 모습으로 짐을 꾸렸다. 페이지를 넘겨 다음 장, 속표지의 그림에는 이삿짐 트럭이 달려간다. 경기도 군포에서 결혼생활을 시작하고 몇 번 집을 옮기며 조금씩 불어난 살림살이들, 아빠의 책들, 하나 더 늘어난 식구 만희 그리고 7년간 군포와 안양에서의 기억까지 모두 싣고 간다. 안양시 만안구의 작은 빌라에서 출발해 철길 건너 양쪽으로 논밭이 펼쳐진 길을 지나고, 수

원의 장안문과 팔달문을 돌아, 개가 세 마리나 있고 마당에 꽃밭이 있는 만희 할머니네로. 그때가 1994년 5월이었다. 이사하기 전, 나는 군포와 안양에서 지역미술운동을 한다고 친정에서 쌀, 시댁에서 김치를 지원받으며 역사적 사명을 짊어지고 세상에 나온 사람처럼 단체 사무실로 집회장으로 열심히도 돌아다녔다. 그 운동을 정리하고 시댁으로 들어가는 중이었으니, 얹혀살러 가는 그 길이 즐겁지만은 않았다. 그런데 한편으로는 활동을 정리하면서 만신창이가 된 마음을 추스르고, 새 삶을 준비할 수 있으리라는 기대도 있었다. 남편과 연애하던 골목길과 개천 옆 가로수길, 그림 배우러 다니던 친구 화실 등 시댁 주변에 남아 있는 정겨운 기억이 포근하게 우리를 맞아 줄 것이었다.

    돌이켜 보면, 고등학교를 졸업한 후 맞이했던 새로운 생활은 늘 절망과 설렘을 겹쳐 안고 시작되었다. 안양에서 자취방을 얻었을 때도 할머니 집으로 이사 가던 때와 비슷했다. 당시 나는 대학원을 졸업하고 아무런 전망도 없이 막막하기만 하던 시기를 마감하며 지역미술운동을 해 보겠다고 작정하던 중이었다. 서울 변두리에 있는 후기 대학에서 그림이나 디자인과 상관없는 식품

과학을 전공하고, 6개월간 입시 준비해 들어간 산업미술 대학원에서 과제에 허덕이다가 논문을 쓴들, 그 일로 먹고살 길을 찾을 수나 있을까? 아무런 전망이 없다는 것을 졸업 후 취직을 알아보면서야 깨달았다. 나이는 많고 학력은 높고 실력은 없었다. 그림을 그리고 싶다는 마음만 앞섰다. 미술 대학을 나온 대학원 동기들이 내게 보내던 동정의 눈초리가 무슨 의미인지 당시에는 알아채지 못했다.

내가 느꼈던 막막함과 불안감은 매번 그림을 그릴 때 느끼는 그것과 비슷했다. 나는 지금도 하얀 화판 앞에 앉으면 무섭고 겁이 난다. 생각을 펼치면서 선을 하나씩 그어 가지만, 머릿속으로 구상한 대로 그려지지 않고 대부분은 망쳐 버린다. 망친 것 가운데 표현이 아름다운 어떤 단서라도 발견하면 그것을 토대로 다시 화판에 그려 나간다. 하루에도 몇 번씩 절망과 희망을 오가며 그림과 씨름한다. 화판에 한 획을 긋기 위해서는 대단한 용기가 필요하다. 일단 선을 그으면 형상이 생겨나고 그림이 시작되는 것처럼, 20대의 그때 막막함을 걷어 내는 방법은 미술 관련 잡지를 찾아 읽거나, 궁금한 게 생기면 안면이 없는 사람이더라도 전화를 걸고 찾아가 물어보는 것이었다. 용기를 내어 일을 벌이면 길이 보였다. 선을 긋고 색을 칠하고 망치면서 하나씩 하나씩 발견하고 터득해 가는 것처럼, 언제 어디서든 답답해지면 눈을 돌려 새 길을 찾고 직접 발품을 팔아 더듬어 갔다. 당시 내가 마주했던 절망감은 마치 아무리 물을 마셔도 목마른 것 같은 내 안의 갈증 때문이었다. 그 중심에 그림이 있었다.

　　1995년 『만희네 집』을 출간하고 친정아버지께 보여 드렸더니 이렇게 말씀하셨다. "그렇게 그림 그리겠다고 하더니 돌고 돌아서 결국은 이 길로 왔구나. 미술 대학에 가겠다고 했을 때 보내 줄걸 그랬다." 내가 전기 대학 입시에 실패한 후 재수해서 미술 대학에 가겠다고 하자, 아버지는 여자가 그림을 그리면 팔자가 세진다고 좋은 데 시집가서 잘살면 된다고 하셨다. 말씀에 반대로만 내달렸던 내가 들고 온 그 책은 팔순이 넘은 아버지 눈에 대단해 보였나 보다. 먼 길을 돌고 돌아서 서른 중반에야 찾아낸 길, 내 손으로 꼭 움켜잡은 『만희네 집』은 그림책 작가라는 새로운 길의 출발점이었다.

1973년에 지어진 만희 할머니네 집으로 이삿짐을 실은 트럭이 달려간다.
화선지에 먹, 1994.

인연
들

대학에 들어간 후 어려울 때마다 참 많은 분들께 도움을 받았다. 대학에서 식품과학을 전공하면서도 레터링◆ 공부를 하고 싶어 수강 신청을 했는데, 운 좋게도 시각디자인학과의 김진평(1949~1998) 교수님 수업이었다. 덕분에 레터링을 착실하게 배웠고, 리더스 다이제스트에서 아트디렉터로 일하시던 석금호(1955~) 선생님도 소개받아 대학원 입학부터 졸업 후 진로를 정하기까지 줄곧 조언을 받았다. 안양에서 서예와 전각을 배우러 다니면서 공재(空齋) 진영근(1958~) 선생님도 만났다. 모두 큰 업적을 이루신 분들이다. 김진평 선생님은 본문 타이포그래피 분야에서 이름을 알리셨고, 석금호 선생님은 산돌글자은행◆◆ 초대 대표로, 진영근 선생님은 전각 분

◆   조형적으로 아름답거나 가독성이 높은 새로운 문자체를
    창작하는 일.
◆◆ 한국 최초의 폰트 회사로 1984년 '산돌타이포그라픽스'라는
    이름으로 설립되었다. 600여 개의 글꼴을 개발했고, 현재도
    한글 폰트의 중요성과 가치를 알리기 위해 노력하고 있다.

야의 국전 초대 작가로 활동하셨다. 미술운동을 하는 동안 생계를 위해 간간이 디자인 일을 했는데, 1993년 정승각 작가가 본인의 창작 그림책 『까막나라에서 온 삽사리』(통나무, 1994)의 디자인을 맡아 달라고 제안했다. 그때 책을 기획한 '초방'의 신경숙 대표님도 만났다. 신 대표님은 한국의 옛 그림과 미감에 공감하며, 그림책 디자인이 처음인 나를 믿어 주고 시안도 꼼꼼하게 검토해 주셨다.

『까막나라에서 온 삽사리』는 용감한 불개가 현무·청룡·백호·주작 네 신을 찾아가 불을 구해 오는 이야기로, '삽사리'의 탄생 설화다. 우리 옛이야기에 관심이 많던 내게는 내용도 익숙하고 디자인에 옛 그림의 요소들을 접목시켜 볼 여지도 많아서 반가웠다. 게다가 그동안 글자체를 다듬으며 익혔던 감각을 실제로 적용해 볼 수 있는 기회이기도 했다. 디자인의 큰 틀은 전통에서 빌어 왔다. 본문 그림을 감싸는 테두리는 고려시대의 『대방광불화엄경변상도』(大方廣佛華嚴經變相圖)의 테두리에서 따왔다. 글자는 조선시대의 『여사서』(女四書) 목판본에서 집자(集字)했고, 테두리 안의 문양은 본문 그림 중 일부분을 떼서 목판 느낌이 나도록 디자인했다.

나는 이 책을 만들면서, 마치 이 일을 하려고 그동안 여러 사람을 만나고 도움을 받고 배운 것 같다는 생각을 했다. 대부분의 과정이 재미있고 신기하고 즐거운 기억으로 남아 있지만, 어려운 일이 없었던 건 아니다. 작가가 인쇄를 넘기기 직전까지 글을 계속 고치는 바람에 집자해 놓은 글자도 한 자씩 계속 수정해야 했다. 지금이야 서체가 다양하게 개발되어 있지만, 당시는 목판선과 어울리는 서체가 없어서 글자를 직접 만들어 쓸 생각으로 집자를 시작했는데, 덕분에 글자 조형 공부를 충분히 한 셈이 되었다. 또 그때만 해도 인쇄소는 기장 두 명이 2교대로 근무하면서 밤새 인쇄기를 돌렸다. 나 역시 밤새도록 본문 4도 인쇄 감리를 보고, 가장자리 문양을 금색으로 별색 인쇄하는 일만 기장 아저씨께 맡겨 놓은 채 집으로 돌아와 쉬고 있었다. 그런데 아침이 되자마자 초방에서 인쇄 사고가 났다고 연락이 왔다. 부랴부랴 다시 서울로 올라가 보니 금색이 흐리게 인쇄가 돼 있었다. 금색 잉크는 건조되는 시간이 길어 묽게 만들어 사용했는데 그 때문에 생긴 일이었다. 종이와 제작비가 아까웠지만 우리는 고민 끝에 다시 제작하기로 했다. 이런 경험은 내가 그림책을 구상하고 더미북을 만들고 신간을 내기까지, 그림책 출판 공정 전체에 대한 감각을 키우는 데 도움이 되었다. 초방과의 인연은 1993년 겨울, 나의 첫 그림책 『만희네 집』을 시작하는 것으로 이어졌다.

지금 생각해 보면 매 시기마다 어떻게 이렇게 고마운 분들을 만날 수 있었던 걸까 싶다. 더욱 신기한 점은 지금도 여전히 이런저런 계기로 좋은 분들을 계속 만난다는 것이다.

만희는 찾고,
나는 찾지 못한 것

아들 만희가 세 살이 되자 아이에게 읽어 줄 그림책을 찾았다. 그런데 시내 서점에 나가도 사 주고 싶은 그림책이 눈에 잘 들어오지 않았다. 지금이야 한국 그림책, 번역 그림책이 많아서 오히려 고르기가 어려울 정도지만, 1990년대 초반만 해도 한림출판사에서 번역 출판한 일본 그림책 몇 권이 눈에 띌 정도였다. 그중에서 『이슬이의 첫 심부름』(쓰쓰이 요리코 글, 하야시 아키코 그림, 1991) 과 『도깨비를 빨아 버린 우리 엄마』(사토 와키코 글·그림,

1991)는 만희가 특히 좋아했던 그림책이다. 1994년 시공사의 '네버랜드 Picture Books 세계의 걸작 그림책' 시리즈를 새로 발견하기 전까지는 이 두 권을 매일 읽었다. 지금도 만희의 어린 시절을 고스란히 간직하며 책등에 보수용 테이프가 붙은 채로 책장 한 켠에 꽂혀 있다.

나는 내 무릎에 앉은 아이와 그림책을 읽으며 공감하던 그 시간이 참 행복했다. 따뜻한 온기뿐 아니라 냄새와 숨소리와 감정 들까지 아이의 등 뒤에 맞닿은 내 가슴으로 고스란히 빨려 들어 왔다. 아이는 어떤 장면에서는 긴장한 나머지 숨을 몰아쉬고, 어떤 장면에서는 재미있어 몸을 꼼지락거렸다. 집중할 때는 내 머리카락을 가져다 자기 볼에 비벼대기도 하고, 책장을 못 넘기게 붙들고 그림 속 사물들 이야기를 이어 가기도 했다. 특정 장면에 이르면 반복해서 일어나는 이런 모습을 보면서 나는 그림책이 어린이와 어떻게 소통하는지, 어린이에게 어떤 상상을 불러일으키는지, 이를 위해 작가들이 얼마나 치밀하게 장치들을 만들어 내는지 자연스레 알게 되었다.

『이슬이의 첫 심부름』의 초반에는 이슬이가 우유 심부름을 가려고 집을 나와 슈퍼마켓까지 가는 길을 원경으로 그린 장면이 나온다. 양쪽 펼침면 가득 동네 풍경이 담겨 있고, 이슬이는 그 속에 아주 조그맣게 그려져 있다. 그런데 그림은 단순히 동네 조감도가 아니다. 구석구석 집집마다 이야기가 하나씩 숨어 있다. 어느 집에서는 여자아이가 피아노를 치고 있고, 다른 집에서는 기타를 치고 있으며, 또 다른 집에서는 한 아저씨가 빈 새장을 들고 난감한 표정으로 밖을 내다보고 있다. 그 시선을 따라가면 전깃줄에는 참새들과 앵무새가 앉아 있고, 고양이는 담장을 걸어간다. 만희는 이 장면을 볼 때마다 항상 피아노, 참새 등을 하나하나 짚어 가거나 그림 속 인물들이 무엇을 하는 중인지 내게 물어보고는 거기에 몇 마디 말을 덧붙이고 나서야 다음 장으로 넘어갔다. 만약 만희의 이런 반응이 없었더라면 그 작은 그림들은 내 눈에 들어오지 않았을 테고 그냥 쓰윽 지나쳐 버렸을 것이다.

    이 그림책에서 글은 이슬이가 심부름을 가면서 동네 아이를 만나 나누는 짧은 대화가 전부지만, 그림은 글에서 이야기하지 않는 동네의 소소한 일상을 세세히 담았다. 아이가 그림을 읽어 내는 모습을 보며 그림책에서 글과 그림의 관계에 대해 배웠다. 이슬이가 언덕길에서 넘어질 때는 만희가 긴장하면서 몸이 굳어지다가, 엄마가 동생을 안고 대문 밖에 나와 이슬이를 기다리는 그림을 보면 긴장한 몸이 풀어진다. 만희가 가장 좋아했던 장면은 뒤표지의 그림이다. 이야기가 끝나는 줄 알았는데 뒤표지에서 이슬이는 무릎에 반창고를 붙인 채 자기가 사 온 우유를 동생과 같이 마신다. 만희는 '이 반창고는 엄마가 이슬이에게 붙여 준 거야'라면서 마치 자신이 이슬이가 된 양 안심하고 대견해했다.

『만희네 집』은 누군가의 집들이에 초대받아 집 구경을 하는 듯한 구성이다. 유치원에서 돌아온 만희의 동선을 따라가며 집의 공간이 어떻게 나뉘고, 또 어떻게 연결되는지 볼 수 있다. 독자는 책장을 넘길 때마다 하나의 공간에서 다음 공간으로 찾아 들어가게 되는데, 각 장면 한쪽 구석에 회색으로 채색된 공간을 발견하는 순간, 그곳이 다음 장면과 연결된다는 것을 알게 된다.

또한 『만희네 집』에는 장면마다 빠짐없이 개 세 마리가 등장한다. 글에서는 이 개들을 자세히 묘사하지 않지만, 그림을 연결해 보면 각 개의 특징과 숨은 이야기를 알 수 있다. 가장 어린 '꼭지'는 매번 어딘가를 기어오르고, 양쪽 귀가 너풀거리는 '가로'는 늘 만희의 신발이

나 장난감을 물어 가고, 늙은 '복실이'는 먼 곳을 바라보며 생각에 잠긴다. 또 있다. 엄마가 빨래를 걷은 후, 빈 빨랫줄에는 만희가 목욕하고 벗어 놓은 옷 몇 가지가 걸려 있다. 할머니가 주물주물 빨아서 널은 것으로 뒤표지가 바로 그 그림이다. 현관에 어질러져 있던 신발이 밤이 되면 가지런히 정리되어 있고, 만희가 잠든 장면에는 '가로'가 현관에서 만희 신발을 베고 잠들어 있다. 집의 전개도를 담은 그림에서는 본문에 소개된 공간의 문을 모두 열어 놓았지만 단 한 곳 소개하지 않은 부엌 옆방만은 문을 닫아 놓았다. 이렇게 작가가 만들어 놓은 장치들은 독자가 그림책을 한 장 한 장 넘길 때마다 시공간을 이어 가며 이야기를 상상할 수 있도록 해 준다. 이것이 그림책을 보는 재미이자 가장 큰 매력이다.

그림책 속 여섯 살 만희가 2020년 올해 서른한 살이 되었다. 결혼도 했고 직장도 다닌다. 저렇게 커다란 만희가 그때 그 만희가 맞나 싶게 아득하다. 항상 일에 쫓겨 아이를 유치원 종일반에 맡기고 맨 마지막에야 부랴부랴 찾아와서는, 또 얼른 재우고 내 일을 하고 싶어서 그림책을 꺼내 읽어 주다가 내가 먼저 졸았던 모습이 생각난다. 당시 만희에게는 그림책을 읽는 시간이 낮 동안 떨어져 있었던 엄마와의 공백을 메우는 시간이었을 것이다. 아이가 성장하는 과정에서 어떤 한 시기를 그렇게 온전히 그림책의 공간에서 함께 웃고 무서워하고 슬퍼하며 세상을 바라보았던 기억은 아마도 이후에 다가올 여러 어려움을 견뎌 내는 버팀목 가운데 하나가 되었으리라 믿는다.

오래된 물건들이
품고 있는 이야기

『만희네 집』속 풍경은 지금으로부터 25년 전의 모습이다. 그러나 거기에는 25년보다 몇 배나 더 오래된 물건들이 살아 있다. 책은 세월을 차곡차곡 쌓아 간직하고 있는 셈이다. 시댁으로 이사하고 얼마 지나지 않아 시어머니께서 허리 수술을 받으셨다. 내가 대신 하루 종일 집안일을 도맡아 하다 보니, 자연스럽게 광에 들어가고 장독대에도 하루에 몇 번씩 올라가곤 했다. 시어머니께서 건강하실 때는 뒤꼍의 커다란 가마솥에 장작을 때서 메주를 쑤고, 매년 고추장과 된장을 담그고, 겨울이 다가오면 자식들에게 나누어 줄 김장까지 했으니 제법 큰 살림이었다. 광에 들어가면 옛날에 차단스라고 불렀던 서랍 달린 그릇장이 가장 먼저 눈에 들어왔다. 서랍을 열면 놋숟가락과 유행 지난 스테인리스 수저들이, 선반 위에는 옛날 사기그릇들이 차곡차곡 쌓여 있었다. 그릇장뿐 아니라 뒤주, 채반, 쇠 절구, 됫박, 다식판, 나무 주걱, 커다란 양은솥까지, 큰일 때 쓰던 옛날 살림살이들이 광에 가득했다. 이제 쓸 일이 없는 줄 뻔히 알면서도 차마 버리지 못하고 있던 물건들이다. 광에 들어갈 때마다 그것들이 나를 쳐다보고 말을 건네는 듯했다. 도대체 무슨 이야기를 하고 싶었던 걸까?

결혼할 때, 엄마가 쓰시던 사기 접시를 몇 개 챙겨 왔다. 지금도 그릇장을 열 때마다 초등학교 요리 실습 시간에 샌드위치를 만들어 그 접시에 담아 놓던 일이 떠오른다. 이렇게 물건들은 기억이 박혀 있는 곳으로 나를 곧장 데려간다. 마루에 걸터앉아 바라보던 담장 너머 키 큰 미루나무 아래로, 청포도가 주렁주렁 매달린 툇마루 위로, 첩첩거리며 잔반을 먹는 돼지우리 옆으로, 그리고 그 공간에 함께 계셨던 돌아가신 부모님 곁으로 언제든 데려간다. 슬프고 따뜻하고 그립다.

시어머니께서 부엌에서 수명 다한 물건들을 광으

로 옮겨 놓고 끝내 버리지 못하셨던 것도 그런 이유가 아니었을까. 당신 시집오기 전부터 집 안에 있던 것들, 당신 젊을 때부터 썼던 것들. 하나같이 닳고 낡고 바랜 물건들이지만 그 속에 담긴 그 많은 이야기를 버릴 수 없으셨을 것이다. 물건들이 내게 하고 싶었던 말도 그런 저마다의 이야기가 아니었을까. 이렇게 저렇게 자리를 옮긴 화분들에서 시어머니 속내를 듣고, 현관에 벗어 놓은 축축한 신발에서 비 오는 날 분주하게 돌아다니다 돌아온 식구들의 일과를 듣고, 잔뜩 어질러 놓은 장난감 더미와 주스를 마시고 놓아둔 책상 위 유리컵에서 만희의 놀이를 들었다. 저녁나절 안방에 서류 뭉치가 펼쳐져 있고 탁자 위에 볼펜이 가지런히 정리되어 있는 걸 보면, 시아버지께서 마실을 가셨거나 시어머니와 함께 옥상 야채밭에 물을 주러 가셨을 게다. 대문의 문고리와 장식에서부터 나무 문패, 전등, 편지함, 담장살 그리고 사철나무와 무궁화나무까지, 물건들은 자신이 어떻게 만들어지고, 어떤 손때가 묻고, 왜 거기에 있는지 말하고 싶어 했다.

『만희네 집』은 만희가 유치원에서 돌아오는 장면에서 이야기가 시작한다. 개들은 발자국 소리만 듣고도 만희인 줄 안다. 만희는 개를 안아 주고, 활짝 핀 꽃들에게 인사하고, 현관으로 들어와 신발을 벗어 놓고, 마루를 가로질러 안방으로 뛰어들어 간다. 창밖 화단에는 봉숭아, 채송화, 분꽃, 다알리아, 접시꽃, 도라지, 옥잠화, 해바라기, 모란, 홍초가 모여 있다. 담장을 따라가면 목련과 대추나무와 라일락이 있다. 새순이 올라와 꽃이 피고 낙엽이 질 때까지, 나무와 화초들은 가족과 한 식구로 같이 산다. 개들은 뛰어다니며 화단을 망가뜨리기도 하고, 만희 장난감이며 식구들 신발짝을 물어 가기도 한다. 자잘하고 사소한 일들이 매일매일 담장 안과 밖에서 쉬지 않고 일어나다가 밤이 되면 불을 끄고 잠이 들고, 동이 트면 다시 일어나 일상을 보낸다. 그러면서 아이는 자라고, 어른은 나이를 먹는다.

어느 독자가 『만희네 집』 소감을 직접 들려준 적이 있다. 자기네는 맞벌이를 하는 부부인데, 평일에 아이를 친정 엄마께 맡기면서 그림책들을 함께 보내면 『만희네 집』을 자주 읽어 주신단다. 그것도 아주 꼼꼼하게 말이다. 장독대 항아리마다 무엇이 들었는지 다 아시는 할머니는 그림책 속 항아리 뚜껑을 하나씩 열어 가며 손주에게 이야기를 풀어놓으신다. 아마 할머니는 책장을 넘기

옥상의 장독대들과 개 세 마리 '꼭지', '가로', '복실이'.
『만희네 집』원화 밑그림의 부분, 미농지에 연필, 1994.

는 동안 당신이 살아 온 이야기에 빠지고, 그것을 손주에게 전해 주고 싶으셨을 것이다.

전통이란 하루하루의 삶 속에 나도 모르게 흘러들어와 쌓여 있다가, 자식에게로 손주에게로 흘러가는 무엇일 게다. 그것은 집에도 있고, 동네 골목길에도 있고, 신작로 긴 가로수 길에도 있고, 시장 싸전마당에도 있다. 어느 날 개발이라는 이름으로 집과 동네가 흔적도 없이 사라진다면, 그때는 우리에게 흘러 왔던 것이 어디에 쌓이고 또 어디로 흘러갈 것인가?

그림을
정말 잘 그리고 싶다

1995년 12월에 『만희네 집』이 세상에 나왔으니, 그 무렵 어느 식사 자리에서였을 것이다. 재미마주 출판사의 이호백 대표님 주선으로 류재수 선생님을 만났다. 한 잡지에서 그림책 일러스트에 대해 쓰신 류 선생님의 글을 감명 깊게 읽었던 터라 놀랍고 설레는 자리였다. 그날 선생님께서는 내게 많은 말을 해 주셨는데, 그중에서 특별히 기억나는 것은 책을 보신 소감이었다. 한마디로, "권 작가는 『만희네 집』 같은 책을 다시는 만들지 못할 것이다"였다. 책에 대한 칭찬이기도 했지만, 앞으로 닥칠 어려움에 대한 염려이기도 했다. 그림 그리는 일이 어렵고 힘들었던 나로서는 책이 나오고 나서도 '어떻게 하면 그림을 잘 그릴 수 있을까'가 고민의 거의 전부였기 때문에, 그 말씀 끝에 내 심정을 털어놓았다. 선생님은 다시, 내가 바로 그런 생각을 하고 있기에 『만희네 집』 같은 책을 다시는 못 그릴 거라고 하셨다. 그때는 그게 무슨 의미인지 몰랐다. 이후 그림책을 한 권 한 권 출간하고, 선생님을 여러 차례 뵙는 동안 문뜩문뜩 그때의 말씀을 곱씹었다. 시간이 한참 지나고 나서야 그것이 '어떻게 하면 그림을 잘 그릴까'보다 '작가로 산다는 것이 무엇인가'를 고민하라는 의미가 아닐까 해석했다. 그렇지만 여전히 그때 그 말씀을 충분히 이해한 것 같지는 않다.

　　『만희네 집』을 출간하고 25년이 지난 지금도 나는 그림을 잘 그리지 못한다. 그러니 당시 가졌던 부끄러운 마음이 오죽 컸을까? 사람의 움직임을 그리는 게 너무 어려워서 일일이 사진을 찍어 따라 그리기도 했다. 지금은 핸드폰이나 디지털카메라로 사진을 찍어 바로 확인하고 필요하면 금방 다시 찍을 수 있지만, 1990년대 후반만 해도 필름카메라로 찍어서 현상소에 인화를 맡기고 며칠이 지나야 사진을 받아 볼 수 있었으니 사진조차 마음껏 찍을 수 없었다. 자연히 크로키를 해서 사진을 보충할 수밖에 없었는데, 그렇다고 내가 크로키를 잘하는 것도 아니었다. 마음대로 안 그려지니까 속상해서 울기도 많이 울었다. 내가 크로키를 할 수 있도록 동작을 취해 주면 백 원을 주겠다고 만희와 거래했는데, 나중에는 천 원을 준다고 해도 응하지 않았다. 움직일 때마다 가만히 있으라고 잔소리를 했으니, 만희로서는 여간 고역이 아니었을 게다.

『만희네 집』의 그림 기법은 지역미술운동을 하면서 관악산 불성사의 홍대봉 스님께 불화를 배운 것이 기초가 되었다. 불화 기법을 토대로 재료 쓰는 법을 익히면서, 좋은 전시를 쫓아다니거나 맘에 드는 화집을 골라 따라 그렸다. 『만희네 집』은 이렇게 여기저기 귀동냥 눈동냥을 하며 익힌 얇은 실력으로 그려 낸 책이었다.

사정이 이런 데도 『만희네 집』의 그림이 따뜻하고 마음으로 그린 것 같다고 이야기해 주시는 감사한 독자분들이 있다. 아마도 그건 매일매일 밥하고 빨래하고 아이 돌보고 살아가는 일상 속에 내가 가장 깊숙이 들어가 있었고, 그 시간을 의미 있는 것으로 바꾸어 놓으려는 바람이 그림으로 발현됐기 때문이 아닐까. 하루 종일 집안을 맴돌며 눈앞에 보이는 것들을 짬짬이 그렸다. 부엌에서 싱크대와 커피잔을, 안방에서 자개장과 문갑과 창살을, 화단에서 꽃과 나뭇잎을, 장독대에 올라가 항아리를, 현관에서 가지런히 정돈된 우산과 식구들 신발을, 옥상에 올라가 햇빛 속에 널은 이불과 빨래를. 내가 오래 바라보아도 움직이지 않는 사물들을 하나하나 보이는 대로 그렸다. 사람들은 내게 어떻게 그렇게 꼼꼼히 그릴 수 있느냐며 놀라지만, 그 당시 내가 할 줄 아는 방법은 오직 하나하나 수놓듯이 그려 나가는 것밖에 없었다. 연필로 밑그림을 완성하면, 그 위에 얇은 한지를 올려놓고 먹을 묻힌 가는 붓으로 선을 뜨고, 배접◆을 한 후에 동양화 물감으로 여러 번 엷게 색을 올렸다. 지금 보아도 시부모님 방에 있던 자개장을 어떻게 그렸나 싶다. 이렇게 보자면 25년 전 류재수 선생님의 말씀은, 그림

◆ 얇은 한지 뒤로 물감이 빠지지 않도록 뒷면에 종이를 여러 겹 포개서 붙이는 일.

안방 자개장의 문짝은 민화 <화조도>를 참고해 그렸다.
『만희네 집』 원화 밑그림의 부분, 미농지에 연필, 1994.

을 잘 그린다는 것은 다른 게 아니라 마음으로 진솔하게 그리는 데 있다는 뜻이 아닐까 싶다.

걱정하고 불안해하며 2년의 작업 끝에 책이 나왔고, 나는 하루아침에 그림책 작가가 되었다. 내가 그렇게 될 수 있었던 건 한편으로 전집 중심의 아동책 시장에서 단행본 그림책이 귀했던 데다, 다른 한편으로 어린이도서연구회의 독서운동과 맞물려 생겨난 독자층의 호응 덕분이라고 생각한다. 1998년에는 『만희네 집』 일본어판이 출간됐다. 그로부터 15년이 더 지나 '한중일평화그림책'을 함께 진행했던 일본의 하마다 게이코(浜田桂子, 1947~) 작가를 만났을 때, 『만희네 집』이 일본에서 출간됐던 당시를 기억하시며 책을 봤던 소감을 내게 이야기해 주셨다. 집이라는 일상의 공간을 그림책으로 끌고 와 구현해 낸 형식이 놀라웠는 데다, 기존의 그림책에서 보지 못했던 신선한 그림 기법 때문에 일본에서도 화제였다고 하셨다.

『만희네 집』이 나오고 한 전집 출판사가 이미 쓰인 글 원고에 그림을 그려 달라고 제안했다. 두 권을 해 보고는 다시는 하지 않았다. 나는 출판사가 요구하는 만큼 그렇게 빨리 그려 내지도 못했고 잘 그리지도 못했다.

내가 관심 갖고 있는 소재를 바탕으로 스토리를 만들고 나의 속도대로 그려 가는 것이 마음 편했다. 그것이 몇 년이 걸리더라도 모르는 것은 배워가며 글을 쓰고, 그림을 고치고, 완성할 때까지 스스로 어떻게든 그려가면 되지 않겠냐고 생각했다. 동료들이 출판사의 주문을 받아서 그림을 그리고 돈을 버는 것이 부러웠지만, 나도 언젠가는 그들처럼 후딱후딱 잘 그려 낼 수 있을 거라고 자신을 위로했다.

2

슬픔
너머

꽁꽁
숨겨둔 어린 시절

대학을 졸업하고 결혼해 아이를 낳고 키우면서도 어린 시절을 일부러 잊으려고 했다. 뒤죽박죽 정리하지 않은 채로, 뭉텅이로 집어 들어 옷장에 밀어 넣고는 문을 닫아 버렸다. 가끔 왈칵왈칵 옷장 문이 열리면 그것이 와르르 쏟아져 내려 낱낱이 보일까 봐 기겁을 하고 더 꽁꽁 닫아걸었다. 그런데 두 번째 그림책 『엄마, 난 이 옷이 좋아요』(재미마주, 1998/ 길벗어린이, 2010)를 구상하면서부터 닫힌 옷장 틈새로 어린 시절의 좋은 기억들이 하나둘 삐져나왔다.

어린 시절을 모아 놓은 앨범 첫 장에는 네다섯 살

때 모습을 담은 커다란 흑백사진이 꽂혀 있다. 사진 속 나는 커다란 눈망울로 정면을 바라본다. 올림머리에는 하얀색 깃털이 얹혀 있고, 털이 달린 빨간색 코트 깃 앞쪽 끝에는 버선 모양의 장식물이 달랑달랑 매달려 있다. 초등학교에 들어가기 전 1964년 즈음일까. 미장원을 운영하던 작은 이모가 나를 예쁘게 꾸며 주고, 아버지는 어느 날, 그런 내 손을 잡고 사진관으로 데려가 이 사진을 남겨 주셨을 것이다.

    작은 이모의 미장원은 우리 집과 가까운 거리에 있었다. 초등학교 저학년 때까지도 나는 그곳에 자주 놀러 가곤 했다. 미장원은 신기한 물건으로 가득한 공간이었다. 통에 하나 가득 담긴 까맣고 얇은 실핀, 손님이 뒷머리를 볼 때 사용하는 타원형의 손거울, 집게처럼 생긴 고데, 고데 옆의 화덕……. 작은 이모가 고데로 손님에게 올림머리를 해 주던 모습은 아직도 눈에 선하다. 화덕의 연탄구멍에 고데를 꽂아 놓고 뜨거워지면 입으로 호호 불거나 물수건에 문질러 식힌 다음, 머리카락에 신문지를 대고 돌돌 만다. 이모만 알고 있는 적당한 시간이 지난 후에 집게를 풀면 요술을 부린 것처럼 고불고불 말린 머리카락이 손님의 어깨 위에서 찰랑거렸다. 뜨거운 고데가 물수건에 닿으면서 칙칙대는 소리나, 고데가 찰그랑거리던 소리는 지금도 한없이 정겹다. 도구에 대한 이런 기억은 대학생 때 파마하러 갔던 미장원으로, 나중에 『일과 도구』를 구상하는 것으로도 이어졌다.

    나는 초등학교를 졸업하기 전까지 대부분 친언니나 인천의 사촌 언니들이 입던 옷을 물려받았다. 옷을 처음 사 입었던 것은 초등학교 5학년 봄소풍 무렵이었다. 엄마가 오래 두고 입으라며 커다란 잔주름치마 원피스를 사 오셨다. 소풍 가는 날 아침, 헐렁한 원피스에 흰 타이츠를 신고 울고 싶은 심정으로 집을 나섰던 기억이 난다. 엄마가 재봉틀을 돌려 만들어 주신 예쁜 옷도 있었다. 하얀색 바탕에 파란색의 커다란 꽃이 군데군데 그려진 플레어 원피스였다. 학교 갈 때 엄마가 허리에 달린 긴 끈을 뒤에서 리본 모양으로 묶어 주셨다. 그 원피스를 입고 깔깔거리며 학교 운동장을 뛰어다니면, 내 웃음소리를 따라 치마폭이 물결처럼 너울너울 춤을 췄다. 나는 그 옷을 입고 달리는 게 무척 좋았다. 『엄마, 난 이 옷이 좋아요』에서 한 선생님이 분홍색 원피스를 입은 아이의 등에 천사 날개를 달아주는 장면이나 여자아이 둘이 플레어스커트를 입고 그네 타는 장면에는 내 어린 시절의 이러한 기억이 고스란히 담겨 있다.

그러고 보니 큰 이모, 작은 이모, 엄마 모두 솜씨가 좋으셨다. 큰 이모네는 인천 배다리시장에 점포 한 칸을 빌려서 작은 양복점을 운영했다. 나는 방학만 되면 인천에 언제 보내 줄 거냐고 엄마를 조르다가, 허락을 받자마자 달려갔다. 큰 이모네 양복점에 가면 이모부는 말끔한 신사 모습으로 재단을 하셨고, 이모는 웃는 얼굴로 손님을 맞이하고 계셨다. 나는 이모에게서 얻은 천 조각을 들고 두 사촌 언니와 함께 2층 다락방에 올라가 천을 이리저리 오리고 꿰매어 인형도 만들고 옷도 해 입혔다. 큰언니가 작고 긴 수첩에 인형을 그리면, 나도 그 옆에 배를 깔고 누워 가늘게 연필심을 깎아서 따라 그렸다. 그때 수없이 그렸던 레이스와 구슬은 『엄마, 난 이 옷이 좋아요』의 장식 문양으로 되살아났다. 나는 이 책을 그리는 동안만큼은 어린 시절의 아름다운 기억에 젖어, 책 속의 여자아이가 되었다가 화판 앞의 화가가 되었다가 하면서 그림책과 현실 속 공간을 넘나들었다.

『엄마, 난 이 옷이 좋아요』 원화 밑그림의 부분,
복사지에 연필, 1997.

꽃잎, 하얀 레이스,
종이 인형

초등학교에 들어가기 전, 어느 봄날이었다. 집 앞에 작은 온실이 있었는데, 문을 열고 들어가면 훈훈한 공기와 함께 꽃나무 냄새가 콧속으로 훅 밀려들어 왔다. 화분 여기저기에 꽃이 피면 그중 빨간 제라늄 꽃잎을 따서 침을 발라 손톱에 붙였다. 손톱 모양을 따라 누르면서 꽃잎을 끊어 내면, 빨간 매니큐어를 칠한 것보다 더 붉고, 융단처럼 톡톡한 꽃잎이 손톱 위에 올라앉아 있었다. 아카시아 순이었던가? 어린 순을 꺾어 거기서 나오는 말간 연분홍 물을 손톱에 문지르기도 했다. 어떤 날은 화단에 핀 꽃잎을 색색별로 한 움큼 따서 마당 한구석에 쪼그리고 앉았다. 나뭇가지로 땅에 구멍을 깊이 파서 꽃잎을 집어넣고는 소꿉놀이하던 유리 조각을 가져와 구멍을 덮는다. 그리고 유리 위에 흙을 덮어 감쪽같이 땅을 평평하게 만들어 놓는다. 그러면 누구도 땅속에 꽃잎이 들어 있는지 알 수 없다. 나만 알고 있다는 것이 왜 그렇게 기분 좋은지. 주위에 혹시 누가 있나 한번 둘러보고는 곧바로 덮은 흙 위에 검지손가락을 대고 눌러서

뱅글뱅글 작은 원을 그려 나가면, 흙이 밀리면서 서서히 유리 아래의 꽃잎이 나타난다. 안에 있는 꽃잎이 어찌나 예쁜지. 땅속에 아주 작고 아름다운 다른 세상이 있었다. 한참을 바라보다가 다시 흙을 덮기를 반복했다. 나는 꽃잎을 떠올리기만 하면 보물을 숨겨 놓은 것처럼 뿌듯했고, 누구에게도 그 놀이에 대해 이야기하지 않았다.

가을날도 따뜻한 기억이 있다. 냇가로 가는 골목길 한쪽의 우리 집, 그 툇마루에 걸터앉아 고개를 들면 담장 밖 미루나무 꼭대기가 파란 하늘에 닿아 있었다. "미루나무 꼭대기에 조각구름 걸려 있네. 솔바람이 몰고 와서 살짝 걸쳐 놓고 갔어요." "낮에 놀다 두고 온 나뭇잎 배는 엄마 곁에 누워도 생각이 나요. 푸른 달과 흰 구름 둥실 떠가는 연못에서 사알살 떠다니겠지." 발가락에 걸린 고무신을 깔딱거리며 〈흰 구름〉과 〈나뭇잎 배〉를 몇 번이고 흥얼거리고 하늘을 올려다보다가, 밖에서 친구가 부르면 달려 나갔다. 이불 홑청 꿰매는 굵은 실에 뾰족한 나뭇가지를 바늘처럼 매고는, 골목 가득한 미루나무 잎을 주워 실에 꿰었다. 쪼그리고 앉아 긴 낙엽 목걸이를 다 만들면, 그걸 목에 두르고 돌아와 불 지펴 놓은 아궁이에 넣고 태웠다. 엄마가 저녁밥을 짓는 동안 나는 나뭇잎 타는 걸 마냥 바라보았다. 엄마 옆에 있던 시간들, 따뜻한 밥 냄새와 낙엽 타는 가을 냄새. 그 기억은 언제나 엄마에게 달려가고 싶게 만든다.

유리창에 하얀 성에가 끼는 겨울에는 따뜻한 아랫목에 엎드려 작고 하얀 도화지 수첩에 공주를 그렸다. 공주는 구슬 왕관을 쓰고 구슬 목걸이를 걸고 구슬 팔찌를 차고 있었다. 허리가 잘록한 드레스는 층층이 레이스가 바닥까지 내려와 풍성하게 퍼졌다. 커다란 눈, 새까만 눈동자에는 별이 반짝거렸다. 그 공주가 환한 모습으로 나를 바라본다. 다음 장을 넘겨 이번에는 커다란 보석이 가운데 박힌 하얀 깃털 왕관을 쓴 발레리나를 그린다. 가녀린 팔과 좁은 어깨를 다 드러낸 채 어깨끈이 달린 발레복을 입고 있다. 가슴선을 따라 깃털이 달려 있고 동그랗게 퍼진 짧은 치마 아래로 길고 곧은 다리가 보인다. 리본을 묶은 토슈즈도 신고 있다. 발레리나의 커다란 눈망울이 나를 바라본다. 이 공주들은 모두 만화책을 보고 따라 그린 것이다.

부모님은 우리 형제가 만화책 보는 걸 좋아하지 않으셨다. 언니를 따라 몰래 만화방에 가거나 어린이날 같이 특별한 날에만 용돈을 타내서 빌려다 볼 수 있었다.

『엄마, 난 이 옷이 좋아요』 개정판 출간 기념으로 만들었던 종이 인형.
원화 밑그림의 부분, 미농지에 연필, 2010.

어렸을 때 가장 좋아했던 만화는 엄희자 작가의 것이었다. 엄희자는 1960년대에 사랑받은 순정만화 작가다. 나는 빌려 온 만화 속 주인공들을 보고 또 보며 따라 그렸다. 그래도 성에 안 차면 예쁜 공주가 한 장 가득 있는 페이지를 골라 칼로 표시 안 나게 잘라서 보관해 놓고 수시로 들여다보았다. 그러다가 언제인가부터는 수첩에 따라 그리는 걸 넘어서 종이 인형을 직접 만들었다. 그 무렵 문방구에서 종이 인형에 옷 입히는 놀이판을 팔기 시작한 것을 보면서 따라하지 않았나 싶다. 속옷만 입은 소녀를 그리고, 입히고 싶은 옷을 따로 그렸다. 종이 옷의 목둘레를 오려 내고 등 뒤에 가위집을 내면 소녀가 이 옷 저 옷 갈아입을 수 있었다. 나중에는 두꺼운 종이를 3단으로 접어 옷장을 만들고 거기에 종이 옷을 차곡차곡 보관했다. 잠옷을 입은 소녀는 옷장 안에서 잠을 잤다.

 어린 시절을 모아 놓은 앨범에는 한 손으로는 단풍나무 잎이 그려진 엄마의 다 쓴 분곽을 가슴께에 대고, 다른 한 손으로는 작은 노란색 달리아꽃을 들고 있는 사진도 있다. 엄마의 분곽은 내 보석상자로, 거기에는 엄마 구슬백에서 떨어진 구슬부터 냇가에서 주어온 반들

19세기 영국의 드레스를 차려입은 종이 인형.
원화 밑그림의 부분, 미농지에 연필, 2010.

반들한 조약돌과 플라스틱 조각들까지 가득했다. 작은 이모는 지금도 나를 보면 어렸을 때 이야기를 하신다. 내가 고무신의 리본을 떼어 실핀에 꿰어서는 머리에 꽂고 다녔다며 웃으신다. 그때는 꽃잎, 하얀 레이스, 구슬 목걸이, 반짝이는 별 모양의 눈을 보면 왜 그렇게 행복했을까?

몸으로도 입고,
생각으로도 입고

어린 시절의 이런 추억들을 하나하나 잊어 버리면서 나는 중학생이 되고 성인이 되었다. 그리고 가끔 거리 쇼윈도에 걸려 있는 예쁜 옷과 보석을 들여다보면서, 그것들 앞에서 한없이 행복해했던 시간을 되돌아 보곤 했다. 어릴 때 그랬듯이, 지금도 쇼윈도의 빨간 구두는 내 것이 아니다. 살 만큼 넉넉하지 못해서 그렇고, 보는 것만큼 내게 잘 어울리지 않기에 그렇고, 혹시 누가 사 준다고 해도 입고 갈 곳이 없어서 그렇다. 그것들은 그냥 보기만 해도 즐거움을 준다.

『엄마, 난 이 옷이 좋아요』에 실린 옷들은 쇼윈도

의 것이 아니라, 옷장 문을 열면 걸려 있거나 서랍에 차곡차곡 개켜져 있는 것들이다. 계절이 바뀔 때마다 철에 맞게 꺼내 입고, 새 옷을 사 입기도 하는 것처럼 옷에 담긴 일상 이야기를 하고 싶었다. 먼저 사계절로 나누고, 계절마다 명절과 행사를 넣어서 그에 따라 열두 달을 구성했다. 그리고 한 달을 각각 두 장면으로 쪼개서 한 장면에는 옷과 관련한 일상을, 다른 장면에는 옷뿐 아니라 관련 장신구들까지 그려서 펼쳐 보였다.

옷 하나하나는 놀이터를 뒹굴기도 하고, 나들이에 다녀오기도 하고, 빨래통 속에도 들어 갔다 오면서 하루를 보낸다. 그렇게 한 철을 지내고 나면 다시 옷장 안에 들어가 쉰다. 그 동안 옷마다 사연이 하나씩 더해진다. 우리가 옷을 입는 일은 곧 옷에 사연을 담는 것이고 옷과 이야기를 나누는 것이다. 우리는 몸으로도 옷을 입지만 생각으로도 옷을 입는다. 조금이라도 몸에 더 편하고 보기 좋은 것을 끊임없이 찾지만, 누구에게나 낡아도 버리지 못하고 불편해도 고집하는 옷이 있다. 내게는 돌아가신 엄마가 젊을 때 짜 입으셨던 털실 치마, 만희 어릴 때 사 준 자주색 잠옷, 남편에게 선물받은 꽃무늬 스카프 등이 그렇다. 책에는 그런 사연들을 그려 넣었다.

어린 시절 설날 세배를 가면 큰어머니가 입고 계셨던 털 달린 배자, 옷장 서랍 맨 밑바닥에 엄마가 버리지 못하고 모아 두셨던 우리 형제의 타래버선, 그렇게 입고 싶었지만 결국 입어 보지 못한 색동저고리, 분홍색 레이스가 달린 원피스를 그려 넣었다. 만희가 변장 놀이할 때 입었던 옷도 그리고, 주머니가 많아 이것저것 넣어 두기 편했던 옷도 기억해 담았다. 분홍색 토슈즈를 사 주던 날 딸이 그걸 신고 자더라는 지인의 사연처럼 주변에서 모은 이야기도 있다. 같은 동네의 두 딸을 키우는 집에서 옷과 장신구를 빌려와 그리기도 했다. 우유곽에 색종이를 붙여 만든 액세서리함, 그 안에 들어 있던 플라스틱 반지와 귀걸이, 목걸이, 머리핀, 브로치 들을 책상 위에 올려놓고 샤프펜슬로 하나씩 그려 나갔다. 내가 어릴 적 수첩에 그랬던 것처럼 레이스와 구슬을 실컷 그려 넣었다. 그러고 나니 책은 온갖 옷과 액세서리로 가득 찼다.

나는 내가 어린 시절에 느꼈던 행복을 어린이들도 느끼고 스스로 행복하기를 바랐다. 책장을 넘기다가 자기 옷에 담긴 이야기를 옷장에서 하나씩 꺼낼 수 있기를 바랐다. 표지를 넘겨 자잘한 액세서리 그림으로 가득한

『엄마, 난 이 옷이 좋아요』 원화 밑그림의 조각들, 복사지에 연필, 1997.

면지를 마주하고는, "엄마는 이 중에서 어느 것이 제일 예뻐?"라고 물어봐 주기를 기대했다.

　　1999년, 『엄마, 난 이 옷이 좋아요』가 세상에 나오고 경기도 광명에 있는 한 어린이 전문서점에서 작가 사인회를 열었다. 행사 전에 서점을 둘러보고 있었는데, 한 여자아이가 엄마에게 책을 사달라고 조르는 모습이 보였다. 그런데 엄마는 "옷만 잔뜩 그려진 게 무슨 책이냐"며, 책 홍보 엽서를 얻어 주는 것으로 끝냈다. 그때만 해도 그림책 관련 행사가 드문 데다 내가 알려진 작가도 아니었으니, 그 엄마의 반응은 이 책에 대한 솔직한 심정이었을 것이다. 그림책과 동화책의 구분 기준도 명확하지 않아서 그림책도 동화책이라 불리던 시절이었고, 책에는 교훈적인 내용을 담아야 한다는 생각이 어른들에게 크게 자리 잡고 있었던 상황이었다. 더군다나 기승전결의 서사 흐름을 갖는 기존 그림책과 같은 형식도 아니었으니, 내 책은 책이라고 부르기 어려웠을 것이다. 그럼에도 나는 내 기대에 호응하는 어린 독자를 만난 것만으로도 무척 반가웠다. 그 옆에서 난감한 표정으로 아무 말도 하지 않은 출판사 직원에게도 고마웠다. 지금도 가끔 강연장에 이 책을 들고 오는 어린 독자나 "우리 애가 이 책을 좋아한다"며 전해 주는 엄마를 보면 내 어린 시절이 겹쳐지면서 마음이 환해진다.

슬픔만큼
커다란 행복

『엄마, 난 이 옷이 좋아요』를 그리고 쓰면서, 지우고 싶었던 나의 어린 시절에도 아름답게 반짝거리며 빛을 내는 소중한 일상이 있었다는 걸 발견했다. 어린 시절을 의식적으로 지우려고 애쓰기 시작한 것은 고등학교를 졸업한 후 처음 화장을 해 보고, 교복 대신 예쁜 옷을 사 입고, 연애하고 싶어서 미팅에 나가고, 젠더 문제를 고민하기 시작하면서부터다. 어린 시절 내가 당했던 폭력이 정확히 무엇인지 몰랐다가 그제야 내가 몸과 마음이 크게 다쳤다는 것을 알았다.

1979년, 집을 떠나 원하지 않던 학과에서 대학 생활을 하면서 상처가 점점 곪았다. 여자대학에서 의무적으로 통제된 기숙사 생활을 해야 했던 1학년 1년 동안 상처가 깊어지더니, 2학년에 올라 가사실습 주택에서 공동생활을 하면서부터는 상처가 다 헤집어지는 듯 밤

낮으로 시도 때도 없이 못 견디게 아팠다. 실습 주택 부엌에 놓인 커다란 부엌칼을 볼 때마다 죽음이 생각나서 울었다. 출입이 기록되고 일상 전반을 점검받는 숨 막힐 듯한 기숙사 생활, 고관대작 부인을 양성한다는 비판을 받았던 필수 이수 과목들, 요리와 예절을 가르치면서 여성의 위치를 강요하던 실습 주택 생활, 모든 게 견디기 힘들었다. 학교와 사회가 행사하는 폭력에 본능적으로 예민하게 반발했다. 항상 땅바닥의 돌들을 걷어차며 다녔고, 한없이 우울했으며, 동기들과도 잘 어울리지 못했다. 아니 더 솔직히 고백하자면 짝사랑하는 사람이 생기면서 성폭력에 더럽혀진 몸으로는 어떤 사랑도 할 수 없다는 절망 속에 빠져 있었다.

그래도 1, 2학년 때 활동했던 동아리 '여성문제연구회' 덕분에 그 시간을 버틸 수 있었다. 선후배들과 사회와 여성에 대해 공부하고 토론하면서 폭력에 저항하는 방법을 익혀 갔다. 그러면서 차츰 절망은 불쑥불쑥 치밀어 오르는 분노로 바뀌었다. 이제껏 옷장 문을 닫아 걸고 모른 체했던 나에게 옷장 안 저 구석에 움츠리고 구겨져 있던 어린 내가 자꾸 말을 걸어 왔다. 모두 네 잘못이라며 어린 나를 억누르고 짓눌러 온 가해자의 협박에 진저리를 치며 분노하고 반항했다. 이런 나를 두고 스스로는 환자라고 여겼고, 사람들 앞에서는 팔자라고 말하곤 했다.

분노와 반항은 당시 사회를 향해 옮겨 갔다. 1980년 광주를 진압한 신군부의 폭력에, 노동조합을 무너뜨리는 기업의 폭력에, 시위대를 잡아가는 경찰의 폭력에 분노하고, "물러가라!" "사죄하라!" "몰아내자!"를 외치며 아스팔트를 뛰어다녔다. 나 자신을 마주하기보다 사회로만 내달리다가 미술운동을 정리하고 그림책을 만났다. 그러면서 내면을 조금씩 들여다보기 시작했다. 첫 그림책이 '집'에 대한 것이니, 다음 책은 '옷'을 담아 볼까 가볍게 생각하며 시작했고, 그 과정에서 기대하지 않았던 아름답고 행복했던 어린 시절을 만났다. 손톱에 붙였던 빨간 꽃잎과 엄마 분곽에 들어 있던 예쁜 유리 조각과 그림 속 공주들의 반짝이는 별 눈과 구슬 목걸이를 떠올리며, 행복했던 어린 시절의 기억을 끌어내 소중하게 보듬었다.

그렇지만 성폭력 경험이 나의 잘못이 아님을, 내 몸이 더럽혀진 게 아님을 더욱 확실히 깨우치게 된 것은 책을 내고도 한참 후인 2003년 제1회 성폭력피해생존

버스정류장 노점상 리어카의 인형들.
『엄마, 난 이 옷이 좋아요』 원화 밑그림의 부분,
복사지에 연필, 1997.

자말하기대회에 참석하면서부터다. 어릴 때 겪었던 성폭력은 지금까지도 내 삶의 한 자락을 집요하게 끌어오고 있으니, 어찌 보면 그 경험과 분리된 나는 존재하지 않는다. 이후에 '위안부' 할머니 이야기인 『꽃할머니』를 쓰고 그리게 된 것도 자연스러운 일이었다. 사회문제를 담은 그림책을 만들 때면, 그 시작은 폭력에 분노하고 가해자를 증오하고 고발하고 싶어 안달하는 심정이다가도 차츰 끔찍함이 걷히고 그림이 아름다워지는 것은, 아마도 나의 어린 시절의 한 켠에 슬픔만큼이나 커다란 행복이 가득 자리 잡고 있기 때문이 아닐까 생각한다.

나이가 들수록 어린 내가 살았던 1960년대가 그리워진다. 지금 내 옷장에는 몇 안 되는 외출복 중에 아울렛 매장을 지나다가 우연히 발견한, 엄마가 만들어 주셨던 흰 원피스와 닮은 플레어 원피스가 걸려 있다. 매장에서 입어 봤을 때 판매원이 긴 허리끈을 뒤에서 묶어 주고는 잘 어울린다고 말했다. 2018년 봄에는 동네 주민센터에 갔다가 성인 발레 강습이 있는 것을 보고 수강신청을 하고 분홍색 토슈즈부터 샀다. 어릴 때 그렇게 신어 보고 싶었던 토슈즈도 옷장 서랍에 있다. 10년 전 어느 날, 경복궁역 근처 옷 가게 좌판 옆을 지나가다가 1960년대에 유행했을 법한 빨간색 체크무늬 나팔바지를 발견했다. 그것도 지금 옷장에 걸려 있다. 봄이 끝나가는 6월이 되면 나는 나팔바지를 입는다. 그렇게 가끔 마음 끄는 옷을 발견하면 사곤 했는데, 이제는 그것도 조심스럽다. 옷을 몇 번 입지도 않았는데 계절은 후딱 지나가 버리고, 이야기가 얽힌 그 예쁜 옷들을 앞으로 몇 번이나 더 입을까 싶어서, 계절마다 상가 진열장을 장식하는 수많은 옷들은 어린 시절에 그랬듯 마음껏 구경하는 것으로 만족해야겠다.

그림을 정말
배우고 싶다

할머니 집이 있는 골목길 어귀에서 만희와 헤어졌다. 그때 웃으며 내게 손을 흔들던 만희는 엄마 아빠와 1년 동안 헤어져 산다는 것이 무엇을 의미하는지 몰랐을 게다. 『엄마, 난 이 옷이 좋아요』의 글과 그림 최종본을 출판사에 넘기고 책이 출간되기 전인 1998년 3월, 나는 만희를 시부모님께 맡기고 남편을 따라 중국 북경으로 떠났다. 그림을 공부하러 가는 길이었던 만큼 모질게 마음

먹고 만희를 떼어 놓았다. 그때 나는 정말 그림을 잘 그리고 싶은 생각뿐이었다.

북경에 도착하고 얼마 지나지 않아 한 유학생으로부터 중앙미술학원에서 연수 중인 지방대학의 중국화 전공 교수님을 소개받았다. 허난성에서 오신 분으로 기억하는데, 지금은 기록이 없어져 성함도 알지 못한다. 나는 일주일에 한 번씩 중앙미술학원 작업실로 찾아가 개인 교습을 받았다. 남편이 동행하여 통역을 해 주었는데, 말을 못 알아들을 때면 필담으로 의사소통을 했다. 선생님은 서예와 『개자원화보』(芥子園畵譜)♦ 임모(臨摹)를 중심으로 붓 쓰는 법부터 나무, 바위, 산맥 그리는 법까지 직접 시범을 보이며 설명해 주시고, 몇 장씩 반복해 그리는 숙제도 내 주셨다. 청나라 때의 화가인 석도(石濤, 1642~1707)의 화집을 소개받아 선 긋기와 발묵(潑墨)하는 법을 따라 해 보고, 어려운 점은 도움을 받아 하나씩 배워 갔다. 매주 숙제를 해 가면 평을 받았는데 대체로 보이는 대로 묘사하기보다 '자연스럽게' 사물의 본

♦ 명말(明末) 시대의 화가 이유방(李流芳, 1575~1629)의 『산수화보』(山水畵譜)를 바탕으로 청대에 증보 편집한 화보를 말한다. 중국산수화 그리는 법을 익힐 수 있다.

질을 포착해 그리라는 내용이었다.

7월이 되자 선생님은 학생들과 함께 보름 넘게 사생(寫生) 여행을 다녀오셨다. 그곳에서 그린 그림을 보여 주셨을 때 나는 깜짝 놀랐다. 선생님의 이전 그림과 많이 달라졌던 것이었다. 어떻게 이럴 수 있느냐고 여쭸다. 말씀하시길, 사생하러 가 있는 동안에는 모든 참가자가 아침 일찍 도시락을 싸 들고 산에 올라가 종일토록 그림을 그리고, 저녁에는 각자 그날의 그림을 펴놓고 서로 품평을 했다고 한다. 사생은 기존의 의례적이고 습관적인 붓 선이나 낡은 생각을 부서트리는 기회였던 것이 분명했다. 게다가 매일 변화하는 자연 앞에서 관찰하고 감응하며 그 생생함을 화폭에 담으려 분투했으니 변화는 어쩌면 당연한 결과였다. 선생님의 얼굴은 새까맣게 그을려 있었지만 표정과 말투는 기분 좋게 들떠 있었다.

중국에서 공부하는 동안 자유푸(賈又福, 1942~)의 화집 서문에서 읽은 글귀는 오래도록 곱씹어 볼 만했다. "법은 끝이 없고, 법은 한 곳에 집착되어 있지 않으니, 이미 집착된 법과 기술을 깨트려 나가야 한다." 전통으로 이어져 온 법을 익혀 그림을 그리기 시작하지만, 그 법을 깨트리는 단계에 이르러야 새로운 그림, 자신의 그림을 그릴 수 있다는 뜻이다. 전통 속에서 객관적인 법칙을 이해하고, 그 눈으로 세상을 새롭게 보고, 그것을 그림으로 그려 낼 수 있다면 얼마나 좋을까? 이 글귀는 지금도 내게 중요한 원칙으로 자리 잡고 있다.

『만희네 집』과 『엄마, 난 이 옷이 좋아요』는 모두 가는 붓으로 사물의 외곽선을 따고, 선 안을 여러 번 채색해서 메우는 방식으로 그렸다. 외곽선은 밑그림을 먼저 그린 후 그 위에 선이 비치는 한지를 올려놓고 사물의 느낌을 살려가며 그은 정제된 선이다. 이런 방식은 불화를 배우면서 익힌 것이다. 한지 위에 붓을 대고는 아랫배에 힘을 주고 처음부터 끝까지 빳빳한 철사처럼 팽팽하게 긴장된 선을 긋는 것이 핵심이다. 여기에는 호흡을 조절하고, 아랫배에서 올라오는 힘이 팔을 거쳐 붓끝에 닿도록 훈련이 필요하다. 익숙해지면 옷자락의 흐름, 얼굴의 부드러운 윤곽, 사물의 단단한 형태 등 선만으로도 다양한 느낌을 표현할 수 있다. 우리가 고려 불화를 보면서 선의 자유로움과 풍성함에 놀라는 것도 그 숙련된 기량에서 비롯된 것일 게다.

그런데 그림책의 주제에 따라서는 이 기법으로 표현하기 어려운 경우가 있다. 중국에 가서 수묵화를 배우겠다고 작정했던 이유도 그림책 두 권을 완성하고 난 후 이 기법의 한계로 인한 답답함 때문이었다. 커다랗고 두툼한 붓에 먹을 찍어서 화선지 위를 마음대로 휘젓고 싶었다. 아주 짧은 기간이었지만 북경에서 수묵화를 배우는 동안 화선지에 선 그을 때의 즐거움을 얻었다. 가을 학기가 시작되어 선생님이 재직하는 대학으로 돌아가시자, 나는 다시 공필화(工筆畵)♦ 작가 한 분을 만나서 채색화 재료 다루는 법을 익혔다. 사군자와 서예도 조금씩 배웠다. 그렇게 1년을 보냈다고 갑자기 실력이 좋아질 리는 없지만, 그림 공부하는 방법을 알아 가는 소중한 경험이었다. 나는 선생님들의 제안처럼, 시간만 나면 시내 서점에 나가 화집을 펼쳐 보았다. 중고품 가게에서 유명 화가의 그림을 실은 커다란 그림 달력을 구입해 따라 그리기도 했다. 서예가 작품을 탁본한 서책을 사다가 붓글씨 연습도 했다. 돌아보면 모두 내 안목과 필력을 높이는 데 도움이 되는 일이었다.

지금 내 책장 한 켠에는 팔대산인(八大山人, 1624?~

♦ 중국화 기법 중의 하나로, 붓으로 세밀하고 정교하게 그린 그림.

1703?), 석도, 푸바오스(傅抱石, 1904~1965), 리커란(李可染, 1907~1989), 자요우푸, 송대의 화조 화집과 사녀화(士女畵) 화집이 꽂혀 있다. 모두 나의 북경 시절을 담고 있는 책들이다. 그 옆에는 조선 민화, 고구려 벽화, 고려 불화, 감로탱화, 겸재 정선 화집 등과 한국에 돌아와 찾아다녔던 각종 전시회의 도록이 늘어서 있다. 그림이 잘 안 풀릴 때면 책꽂이 앞에 앉아 그것들을 하나씩 꺼내 그림을 감상한다. 시간이 지날수록 그 안의 기법들이 하나씩 새롭게 눈에 들어온다.

3

어린이와 어른

1999년,
우주에서 온 편지

1999년 어느 날, 초등학교 3학년이던 만희가 내게 편지가 왔다며 전해 주었다. 받아 보니 겉면에는 우주선 그림과 함께 "우주에서 온 편지"라고 적혀 있었다. 안에는 읽을 수 없는 꼬부라진 글씨와 부호로 가득했다. 만희가 써서 나에게 보낸 초대장이었다. 아이는 그 당시 우주, 게임, 컴퓨터, 로봇 같은 것에 관심이 많았다. 학교에 다녀와 보여 주는 알림장 뒷면에는 온통 게임이 그려져 있었다. 수업시간표를 적는 네모 칸에는 입구와 출구를, 가운데 칸에는 미로를 그려서 게임판을 만들었다. 아예 게임만 그려 놓은 공책도 있었다.

특히 일본 애니메이션 〈포켓몬스터〉에 나오는 캐릭터 '피카츄'는 만희의 마음을 사로잡았다. 주인공 지우가 피카츄를 키우는 것처럼 만희도 피카츄와 비슷한 모습의 여러 캐릭터들을 공책에 그려서 먹이를 주고 힘을 키우며 레벨을 올리고 있었다. 아마 친구들 몇 명이 만희 공책에서 함께 게임을 하는 모양이었다. 체력, 공부, 훈련, 돈, 아이템, 군단, 일꾼 등의 수치를 적어 두고 시장, 공장, 탄광, 주막, 호텔 등의 상징 기호가 표시된 지도 위에서 꼬부기군단, 피카츄군단, 파이리군단, 캐터피군단, 초가스군단, 잉어킹군단 등 20개의 군단이 싸움을 벌인다. 캐릭터들은 변신할 수 있으며 강력 구슬이나 그레이크 검, 후딘 방패, 사이언스 익스톰, 그레이크 파워를 갖고 있다. 캐릭터들이 먹는 음식이 케이크, 콜라, 주스, 아이스크림, 치킨, 도넛, 불고기, 샌드위치, 피자 등 주로 내가 사 주지 않는 것들이어서 웃음이 나왔다. 그 그림 위에 수없이 그어진 연필선은 분명 쉬는 시간에 몇 명이서 같이 놀았던 흔적이다. 하루는 그 공책을 선생님께 빼앗겼다길래 수업시간에도 한 모양이구나 싶었지만, 한편으로는 그 공책이 없어지면 어쩌나 걱정이 앞섰다. 엄마에게 귀중한 공책이니 꼭 돌려달라고 말씀드리라고 해서 만희가 다음 날 찾아왔다.

　　만희는 대여섯 살 때부터 로봇을 그렸다. 만화영화에 나오는 로봇도 그리고, 컴퓨터 디스켓 로봇도 그리고, 공룡 로봇도 그렸다. 내가 그림 그리는 동안 아이는 이면지나 도화지에 로봇이 등장하는 가상공간을 만들어 곧잘 놀았다. 30분, 1시간도 시간 가는 줄 몰랐다. 아빠의 컴퓨터에 게임이 깔리자 아이는 그곳에 빠져들기 시작했다. 그리고 컴퓨터와 게임기의 캐릭터 형상들이 다시 알림장, 공책 속 그림으로 옮겨져 현실과 가상공간을 넘나들었다. 중국에서 돌아와 한국에서 맞이한 1999년, 새천년에 대한 기대로 온 세상이 들썩거리는 가운데 어린이들의 새로운 세계는 이미 컴퓨터와 게임으로 열려 있었다.

　　당시 나는 어떤 내용을 그림책에 담아야 할지, 이 어린이들과 어떻게 교감할 수 있을지 걱정이 많았다. 어른들이 개입하기 어려운 자기들만의 세계를 만들어 가는 어린이들과 무엇으로 소통할 수 있을까? 더욱이 한국사회에는 1997년 11월 아이엠에프(IMF) 사태로 사람들이 실직하고, 가족이 흩어졌다. 『만희네 집』에 담긴 삼대 가족이나 『엄마, 난 이 옷이 좋아요』에 등장하는

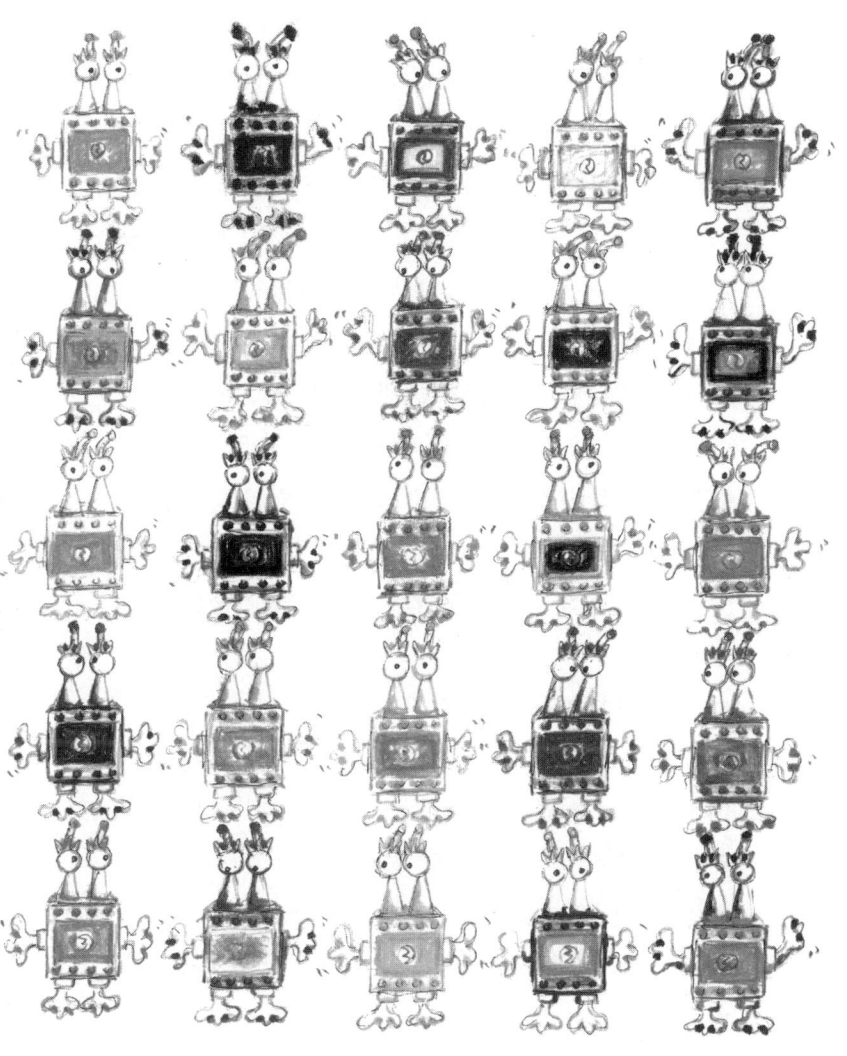

색깔 낱말 글자구슬을 먹으면 몸의 색깔이 변하는 글자벌레들.
화선지 위에 먹·유성 볼펜·채색 물감, 2001.

4인 가족의 행복한 이미지를 더 이상 그릴 수 없었다. 가족을 묘사한다면 이제는 다양한 형태의 가족을 염두에 두어야 하지 않을까? 한부모 가족, 조손 가족, 다문화 가족, 심지어 소년소녀 가장의 가족까지도. 가족의 형태와 상관없이 누구나 행복할 수 있다는 사실, 행복도 여러 갈래라는 사실을 새로 발견하고 표현해야 하지 않을까? 나아가 어른과 어린이, 부모와 자식, 교사와 학생 등을 가르치고 배우는 일방적인 관계에서 서로를 보완하는 상호적인 관계로 새롭게 해석해야 하지 않을까? 새로운 천 년이 시작된다는데, 앞으로의 어린이는 어떤 존재고, 나아가 인간은 어떻게 진화해 나갈까? 우리가 희망하는 바람직한 인간은 어떤 모습이고, 그 기준은 무엇일까?

1999년은 나에게 많은 질문을 던졌다. 그리고 그 때 느꼈던 이러저러한 생각들이 녹아 세 권짜리 '글자벌레 시리즈'가 만들어졌다('글자벌레 시리즈'는 2011년에 한 권으로 합본되어 『만희네 글자벌레』(길벗어린이)로 재출간됐다). 첫 권 『씹지않고꿀꺽벌레는 정말 안 씹어』(재미마주, 2000)가 나왔을 때 사람들은 이런 평을 남겼다. "이게 책이냐?" "이 책이 권윤덕 작가의 책이 맞나?" "이건 그림이 아니라 낙서 같은데?" "벌레가 벌레를 닮지 않았어." "애들이 저 책만 읽어 달라고 가져오지 않았으면……." 20년이 지난 지금이야 그림책 시장에서 이런 형식의 책이 낯설지 않지만, 당시 그림책을 구매하는 부모들 입장에서는 쉽게 손이 가지 않는 것이었고, 실제로 판매도 지지부진했다. 가끔 강연장에서 만난 초등학교 교사들로부터 이 책이 학급 문고 중 인기 있다는 말을 듣는 것이 그나마 위안이었다. 그러나 당시의 반응과 달리, 나 스스로에게 '글자벌레 시리즈'는 3년 넘게 자유롭게 생각하고 이것저것 실험해 볼 기회를 줬다. 그래서 이후에도 그림책 작업을 할 때마다 길어 올릴 것이 가득한 샘물 같은 책으로 남아 있다.

책장 속
글자벌레와 글자부스러기벌레

1998년 중국에서 살 때, 북경대학교 후문 밖에 한 서예가의 작업실이 있었다. 일주일에 한 번씩 그곳에 다니면서 붓글씨를 배우는 동안 어렵고 멀게만 느껴지던 한문을 한 자 한 자 익힐 수 있었다. 또 중국어를 처음 접

글자벌레와 글자부스러기벌레들.
화선지에 먹·유성 볼펜, 2001.

하면서 우리말과 달리 거기에는 '~은/는', '~을/를', '~으로/로'와 같은 조사나 '~이고', '~이면', '~이다', '~일까'와 같은 어미 변화가 없고, 의성어와 의태어도 그다지 풍부하지 않다는 것을 알게 됐다. 중국어 공부는 새삼스럽게 우리말에 대한 재미를 불러일으켰다. 귀국할 때가 다가오던 1999년 1월 3일, 나는 작업 노트에 짤막한 메모를 남겼다.

"큰 책장에서 벌레들이 글자를 먹고 사는 거야. 먹는 것을 아주 좋아하는 벌레가 매일 책을 뒤져서 맛있는 낱말을 만들어 먹는데……. 고소하고 얼큰하고 새콤달콤하고 달짝지근하고……."

'푸르딩딩', '누리끼리', '발그레한' 같은 색깔 낱말을 좋아하는 글자벌레, '덜컹덜컹', '둥둥' 같은 소릿말에 무서움을 잘 타는 글자벌레 등으로 우리말의 의성어, 의태어를 잘 살리는 그림책을 만들면 어떨까 하고 적어 놓았다. 중국에 머무는 동안 백두산에 다녀온 이야기나 광활한 자연을 보고 느낀 소감도 작업 노트에 있었지만, 한국으로 돌아와 무엇보다 자주 내 머릿속에 맴돈 것은 이 글자벌레였다. 만희의 게임 공책은 성큼 다가온 새천년과 맞물리면서 나를 덩달아 들뜨게 했고, 다음 그림책은 새로운 가치를 새로운 형식에 담아야 할 것만 같았다. 글자벌레들이 책 속에 살면서 인간의 부조리와 한계, 가능성을 읽고 배우면서 인간보다 더 진화한 새로운 공동체를 만들어 가는 이야기로 어린이들과 소통할 수 있겠다 싶었다.

    북경에서 귀국해 수원 외곽에 집을 새로 구했다. 책장을 정리하고 먼지를 닦으면서 '글자벌레', '먼지벌레', '글자부스러기벌레' 같은 이름을 짓고 생각나는 대로 작업 노트에 메모를 더했다. "엄마, ㄷ자 들어가는 말은 무서워. 드르륵 드르륵, 덜컹덜컹, 둥~둥~ 그런 거." 언젠가 긴 우산을 땅바닥에 질질 끌면서 걷고 있을 때 예닐곱 살 만희가 했던 말을 떠올리고는 무지무지 무서움을 잘 타는 '깜짝벌레' 이야기를 만들었다. 어린이들이 색깔 낱말 말하기 게임을 하는 동안 '거무죽죽, 누르무레, 시푸르뎅뎅……'이라고 말하며 깔깔대고 재미있어하는 모습을 보고서 '색깔벌레' 이야기도 만들었다. 할 말은 많은데 말을 더듬어서 곧잘 신경질을 부리던 만희 친구의 사연도 보태 '멀뚱벌레' 이야기도 지었다. 매일 물건 챙기는 것을 잊어 버리고 돌아다니는 만희 이야기로 '깜빡벌레'도 등장시켰다. 글자벌레는 이렇게 우리말의 의성어와 의태어가 주는 재미에서 출발해 어린이들의 이야기를 더하는 방식으로 만들어졌다.

그런데 이야기를 다듬고 벌레들을 그리면서 고민이 생겼다. 도대체 글자벌레는 어떤 모습일까? 글자벌레는 꼭 애벌레나 딱정벌레 같이 '벌레'라고 하면 떠오르는 모습을 하고 있어야 하나? 벌레라지만 책 속에서 글자를 먹고 사는 벌레인데, 뭔가 좀 색다른 모습으로 살아야 하는 것은 아닐까? 나는 만희가 좀 더 어릴 때 그려 놓은 낙서장을 들춰 보다가, 아이가 한때 푹 빠져 있던 로봇 그림들을 발견했다. 보통 어린이들 그림이 그렇듯 연필 선으로 단순하게 형태를 잡은 평면형이면서도, 생각을 휘저어 놓은 듯한 선 맛을 주는 그림이었다. '글자벌레도 이렇게 그리면 되겠네, 그러면 만화나 게임처럼 어린이들에게 쉽게 다가갈 수 있을 테고.' 만화나 게임의 형식을 그림책에 가져오고, 그럼으로써 생기는 낯섦과 생경함, 신기함을 통해 어린이들을 새롭고 활기찬 생각으로 끌어갈 수 있을 것 같았다.

글자벌레 모습이 완성되어 갈 때쯤 또 다른 고민이

책의 가름끈 실오라기 아래서 놀고 있는 글자벌레, 먼지벌레,
글자부스러기벌레들. 화선지에 먹·연필·유성 볼펜·채색 물감, 2001.

생겼다. 글자벌레는 어떻게 생활할까? 만희 아빠의 방은 책들로 가득 차 있다. 책장 가득 겹겹이 책이 꽂혀 있고, 꺼내 본 책들은 뒤죽박죽 쌓여 있으며, 집 안을 청소하다가 주워서 올려놓은 인형이나 장난감 들도 책장 선반 곳곳에 얹혀 있다. 내가 초등학생 때 연습하던 누렇게 바랜 피아노 교본도, 고민 많던 스무 살 적에 읽던 책들도 중간에 끼어 있다.

생각해 보면, 책은 사람의 생각을 한 장 한 장 쌓아서 지어 놓은 건물이다. 또한 저자의 한 시절뿐 아니라 인류의 역사를 농축해 담고 있기도 하다. 책을 읽으며 몇백 년 전에 살았던 한 사상가의 생각에 밑줄을 긋고 음미하고 내 생각을 보태기도 한다. 방바닥에 누워서 책장을 올려다보고 있으면, 책장이 수천 년 전에 건설된 도시처럼 거대하고 장엄하게 눈앞으로 다가온다. 나는 글자벌레가 되어 책 속을 돌아다니고 책장 주변을 날아다니며 책의 이미지와 의미를 거대하게 확장해 놓고, 그 안에서 벌레들이 사는 공동체는 어떤 풍경일지 상상하면서 그림의 배경을 만들어 나갔다.

새천년의
어린이들

2000년, 우리 가족은 서울 정릉동의 오래된 작은 아파트로 이사했다. 만희는 북한산 자락 높은 언덕에 자리 잡은 정릉초등학교로 전학해서 새 친구들을 사귀었다. 학교에서 돌아오면 교실에서 있었던 일들을 내 앞에 풀어놓았다. '글자벌레 시리즈'를 그리는 동안 만희와 친구들을 자세히 관찰하며 나는 어린이들의 마음속에 푹 빠져들곤 했다. '글자벌레 시리즈' 둘째 권 『생각만해도 깜짝벌레는 정말 잘 놀라』(재미마주, 2001)를 출간한 후, 나는 작가 노트에 이렇게 적었다.

"집에서 혼자 하루 종일 그림을 그리다가, 중간 중간 이 생각 저 생각을 하기도 하고 빨래를 하기도 하다가, 아들 만희가 학교에서 돌아올 시간이 되면 문밖을 두세 번은 나갔다 온다. 현관문을 열고 나가 북한산을 올려다보며 숨을 크게 들이켜고, 그다음엔 열두 집이 벽 하나씩을 사이에 두고 나란히 붙어 있는 아파트 긴 복도 저 끝에서 혹시 아이가 걸어오지는 않나 지켜보고, 여섯

층 아래 아파트 입구를 돌아 들어오는 길목과 더 멀리 큰길 건널목까지를 훑어본다. 아이를 발견하기도 하고, 이제나저제나 하다가 그냥 집 안으로 들어오기도 한다.

학교 갔다 돌아온 아이는 아랫입술로 윗입술을 밀어 올리며 웃음을 참느라 애쓰는 표정을 짓고, 어느 날은 졸려서 눈꺼풀이 아래로 주저앉고, 어느 날은 "힘드니?" 물어보면 눈 안으로 눈물이 와글와글 고여 눈을 크게 뜨고 눈동자를 굴리며 눈물을 말린다. 내가 어렸을 때처럼, 아이가 눈물이 하도 많길래 하루는, "그래, 울 수 있다는 것은 소중한 거지. 어른이 되어서도 멋진 음악을 듣거나 좋은 그림을 보며 감동해서 울 수 있으면 좋겠다"는 뜻으로 울 때마다 500원을 주기로 했었다. 그리고 그 돈은 모아 두지 말고 쓰고 싶은 대로 마음껏 써 버리자고 약속했었다. 그 후로는 오히려, 아이가 함부로 울지 않는다. 그래서 눈 속에서 눈물을 말리느라 애를 쓴다.

집에 들어오면 내 작업 책상 앞 흔들의자에 앉아 욕 잘하는 현주, 사고뭉치 운지, 제일 친한 대영이, 그리고 쓰레기 50개 주운 이야기, 어떤 질문에도 '연탄'만 대답할 수 있는 벌칙 이야기를 재잘재잘, 나중에는 왁자지

껄 흉내까지 내가면서 해 댄다. 5학년 1반 교실을 내 책상 위에 고스란히 올려놓는 것이다. 그러면 나도 그 속에 들어가 항상 '오버하면서' 웃는 혜경이처럼 책상을 치며 고개를 숙였다가 젖히기를 반복하면서 꺽꺽대고 웃는다.

5학년을 마치는 종업식 날, 선생님이 학생들을 하나씩 품에 안아 격려하고 교실 밖으로 내보냈는데, 그때 선생님 옆구리로 얼굴을 내밀며 빠져나오는 운지를 보았다. 운지는 두 눈이 빨갛게 젖어 있었고, 그걸 보던 나는 운지 안으로 들어가 운지가 되었다. 밖에서 기다리던 친구들에게 눈에 뭐가 들어가서 그런다며 눈을 연신 껌뻑이는 운지가 되어, 신발장 주변을 같이 맴돌았다.

나는 만희와 함께 등교하는 만희 반의 한 아이가 되기도 하고, 컴퓨터 게임하는 형들을 쫓아다니며 형들과 어울리는 방법을 터득해 가는 영한이 동생 명한이가 되기도 하고, 엄마 손 잡고 엘리베이터 타고 내려가 유치원 차를 기다리는 동네 꼬마가 되기도 한다. 그 아이들 속에 들어가 있다가 빠져나올 때면, 어른들에게서는 볼 수 없는, 아이 앞에 환하게 열려 있는 큰 빛줄기를 본다. 그래서 사람들은 어린이를 상대로 꿈을 말하고 희망을 말하는지 모르겠다.

아이들은 자란다. 몸도 자라고 마음도 자라고 생각도 자란다. 한 시간도 머무르지 않고 쑥쑥 자란다. 그래서 아무리 심각한 문제도 아이들에게는 과정으로만 존재하는지도 모르겠다. 엄마 뱃속에서 나와서 물건을 빨고 주무르고 보채고 울면서 세상일에 하나하나 적응해 가더니, 어느 순간 사람도 알아보고 글도 읽고 자기 생각도 만들어 낸다. 자라나는 아이 앞에 놓인 그 많은 가능성을 생각하자면, 내가 어른으로서 그 어린이들을 위해 할 수 있는 일은 딱 한 가지, 되도록 인스턴트식품과 농약 처리가 된 식품을 먹이지 않는 것뿐이다. 이것만큼은 너무나도 분명해서 "이걸 먹으면 안 돼!"라고 목청을 높일 수 있지만, 그 밖에 무엇을 자신 있게 주장할 수 있을까? "공부 열심히 해라." "이 숙제는 꼭 해야 해." "걔하고는 친하게 지내지 말아." "어른에게 자리를 양보해야 한다"라고 의심의 여지 없이 주장할 수 있는 것은 하나도 없다. 그저 "엄마 생각은 이런데, 너는 어떠니?"라고 묻거나, 아니면 내가 아이의 친구가 되어 아이와 웃고 떠들면서 맞장구를 치기도 하고 토라지기도 하고 싸우기도 하면서 아이가 세상을 배워가는 과정의 한 상대로 엄마를 끼워주기 바랄 뿐이다. 욕심을 부리자면, 내 글자벌레들도 그 친구들 중 몇 명으로 끼워주면 더없이 좋겠다. 그 환한 빛줄기 앞에 버티고 서서 내 그림자로 아이들에게 그늘을 드리우기보다는, 아이 옆을 따라 거닐며 함께 빛을 쪼이고 싶다."

새천년이 열리면서 품었던 생각은 20년이 지난 지금도 변함이 없다. 이후『꽃할머니』,『피카이아』를 제작하는 과정에서 만난 어린이들에게도 내가 할 수 있는 것이라고는 어른이 무엇을 잘못하고 있는지를 고백하는 일뿐이었다. 어른이 무엇을 잘못했는지 알려 주어야, 그 지점에서부터 어린이는 자신이 살아갈 사회를 꿈꾸어 갈 수 있지 않을까? 조금만 더 바라자면, 내 그림책 작업도 자유롭고 공평하고 행복한 사회를 꿈꾸는 어린이들과 발을 맞추어 함께 변화해 가기를 희망한다. 따듯한 햇볕을 받으며 어린이들 옆을 따라 거닐고 싶다.

내 모습 그대로
꿀꺽꿀꺽

낡은 책을 눈에 바싹 갖다 대면 콧속으로 책 먼지가 스며들고, 내 숨 바람에 먼지가 날아가면서 나도 벌레가 되어 책 위를 걷는다. 연백색 끝없이 펼쳐진 책의 대지와 메마른 책갈피 계곡, 아름답게 반짝이는 수천 길의 보라색 가름끈과 낭떠러지에 짙게 드리운 그림자를 건너다 보면서 방금 내 더듬이로 읽어 내린 글들을 되새긴다. 양장본의 실밥 터진 곳에 색깔 먼지를 쌓아 집을 짓는다. 햇빛이 창문으로 들어와 책등을 비추고, 그 빛이 내 집 구석구석까지 얼비치면 나는 아침을 맞는다. 글자벌레 친구들과 푹신한 먼지 속에서 뒹굴며 놀고, 작은 글자부스러기벌레들이 우리를 간지럽힌다. 맛있는 글자를 만나면 더듬이로 전파를 쏘아 글자구슬을 만들어 먹는다. 먹기 싫은 콩을 밥상 모퉁이에 골라 놓는 만희처럼 맛없는 단어들을 한쪽에 골라 놓기도 하고, 글자를 먹다가 'ㅅ'이나 'ㅎ' 같은 부스러기를 흘리기도 한다. 조금 있으면 글자부스러기벌레들이 달려와 흘린 글자부스러기를 맛있게 먹는다. 솜털이 푹신푹신한 커다란 먼

지벌레도 슬금슬금 굴러와 글자부스러기들을 온몸으로 빨아들인다. 오늘은 좀 멀리 골목 끝 으슥한 곳까지 산책을 나갔다. 무서운 이야기책으로 들어가 보니 온통 깜깜한 가운데 휘번덕거리는 글자부스러기벌레들이 "<u>드드드드</u>" "<u>흐흐흐흐</u>" 같은 이상한 소리를 내며 나를 덮쳐온다.

나는 3년간 이렇게 글자벌레가 되어 친구들과 함께 책 속에서 살았다. 수천 년 된 도시의 건물 사이를 작은 글자벌레가 되어 날아다녔다. 책장을 거대한 도시나 광활한 대지로, 책들을 도시의 빌딩이나 대지의 높고 큰 언덕으로, 가름끈을 그 언덕 위의 숲으로 바꾸어 놓았다. 나는 화선지 위에 연필과 볼펜으로 낙서하듯 아무렇게나 선을 긋기도 하고, 먹물의 번짐과 마른 붓 선을 뒤섞기도 했으며, 진한 가루물감을 덧칠하기도 했다.

'글자벌레 시리즈'는 기법뿐 아니라 이야기와 화면 구성 방식에서도 앞서 만든 두 권과 다를 수밖에 없었다. 내가 일방적으로 전달하는 것보다는 만희의 낙서장이나 아이들이 즐겨 하는 게임처럼 아이들이 적극적으로 참여해 글자벌레들과 함께 문제를 풀어 가면서 낱말을 만들어 먹고 놀 수 있도록 했다. 아이들이 이 놀이를 통해 게임의 재미와 우리말의 재미를 결합해 갈 수 있기를 바랐다. 이를 위해 게임 화면에서는 갖가지 장치를 되도록 다양하고 복잡하게 구성하려고 했다. 글에서는 '놀았다' 한마디로 끝냈더라도, 그림에서는 게임의 '출발'부터 '도착'까지 문제를 해결하면서 20분은 놀 수 있도록 양쪽 펼침면 가득 복잡한 게임판을 그려 놓았다.

글자벌레가 되어 책 공간으로 들어가면, "이래야 되고, 저러면 안 되고." "이건 아주 중요하고, 저건 꼭 필요하고"와 같이 내 머릿속을 가득 메우고 있던 관습들을 벌레들에게 적용할 수 없었다. 글자벌레들은 내게 "왜 꼭 그래야 해?" "그게 왜 중요한데?" "왜?"를 끝없이 물어 왔다.

그래서 나는 꿀꺽벌레가 낱말을 '꼭꼭' 씹어 먹는 벌레로 변하는 이야기를 만들 수 없었다. 꿀꺽벌레는 맛을 찾아다니면서 먹을 것을 꼭꼭 씹어 보기도 하지만, 여전히 자기 본성대로 '꿀꺽꿀꺽' 먹으며 행복해하는 벌레로 남겨 두었다. 어리숙하고 겁이 많아 늘 누군가에 의지한 채 살아가는 '깜짝벌레'도 끝내 대범한 벌레로 바뀌지 않는다. 여전히 무서움을 많이 타지만, 친구의 도움으로 그에 점차 익숙해져 조금씩 자신감이 생길 뿐

'드드드드드' 소리를 내며 희번덕거리는 글자부스러기벌레들.
부분 그림, 화선지에 먹, 유성 볼펜, 2000.

이다. 혼자서만 신이 나서 돌아다니는 '신나벌레'는 친구들의 놀림에도 아랑곳하지 않고 친구들과 함께 노는 재미를 알아 가는 캐릭터로 만들었다.

나는 사회 적응을 절대적인 가치로 삼아 어린이들의 본성을 억누르고 싶지 않았다. 어린이는 나름 나름의 기질과 재주를 가지고 태어난다. 각자 그것을 밑천 삼아 사회 안에서 서로 보완하고 어울어지면서 저마다의 행복과 의미를 찾아간다. 사회의 기존 가치나 질서와 끊임없이 갈등하고 화해해 가면서, 새롭고 다양한 삶의 형태가 만들어진다. 인류의 오랜 생각을 읽어 내는 글자벌레는 그런 지혜를 가진 존재라고 믿고 싶다.

거침없이,
마음대로

나는 왜 도화지, 캔버스, 수채화 물감, 유화와 같은 서양 재료보다 한지, 먹, 분채 같은 동양 재료를 고집할까? 서양 재료가 쓰기 편리하고 발색도 좋고 인쇄 역시 잘 나오는데 말이다. 동양화 중에서도 한지에 그리는 채색화는 배접이 필요하고, 아교를 녹여 분채와 섞어 써야 하니 번거롭다. 쓰다 남은 아교는 며칠이 지나면 썩어서 고약한 냄새까지 나고, 출판할 때는 원색 분해와 인쇄 과정도 훨씬 어렵다. 한지 그림을 스캔할 때면 한지의 미세한 올이 그림자를 만들어 바탕이 검게 올라오고, 분채의 형광빛 도는 밝은색은 인쇄로 재현하기가 힘들다. 주변에서 서양 재료를 써 보라고 권하기도 하지만, 재료를 바꾸기는 쉽지 않다. 내게 붓과 먹물과 화선지는 지금도 여전히 생각을 끌어내고 그림의 맛을 내기에 가장 적합한 재료다.

벼루에 먹을 갈면서 먹 냄새를 맡고, 얇은 화선지를 펴서 문진으로 눌러 놓고, 맑은 물에 담가놓은 붓을 들어 물기를 조절한 후 먹을 묻힌다. 화선지로 붓을 가져가기 전에 다시 한번 마음을 가다듬으면서 붓의 먹물을 조절하고, 이제야 화선지에 붓을 댄다. 그러면 먹의 농담과 화선지의 성질과 붓의 힘과 마음속 생각들이 한순간에 뒤섞여 형상을 만들어 간다. 이 모두가 어떤 때는 한순간처럼 빠르게, 어떤 때는 여러 숨에 걸쳐 천천히 진행되면서 의도한 것과 의도하지 않은 것이 조화롭게 화면 위에 드러난다. 그때의 기쁨은 다른 재료에서는 느끼기 어렵다. 화면에 붓을 대면 댈수록 미궁 속으로 빠져들기도 하지만, 어느 날은 단 하나의 획만으로도 얽히고설킨 문제가 해결되기도 한다.

인사동에 나가서 저렴한 연습용 화선지를 한 뭉치 사 와서는 중국에서 연습했던 필선들을 만회 낙서장의 느낌처럼 그어 보았다. 가늘고 긴 붓의 끝을 잡고는 먼지 나는 느낌이 들도록 푸석푸석하게 화면을 문지르고, 군데군데 물기 있는 점을 찍었다. 작은 몽당붓에 물감을 묻혀 사인펜으로 칠하듯이 색을 발라 보았다. '글자벌레 시리즈' 중 앞에 두 권은 꼼꼼하게 밑 스케치를 하지 않고, 바로 붓으로 손 가는 대로 이리저리 그려서 완성했다. 첫 권은 먹그림에 연필과 유성 볼펜도 사용했고, 둘째 권은 화선지에 먹 번짐을 많이 이용했다. 물과 아교의 농도를 조절해 먹 번짐을 만들고, 먹을 여러 번 쌓아 올리듯 칠해서 어둠의 깊이를 표현했다.

그림들을 한가득 그려서 출판사에 가져가면 류재수 선생님과 이호백 대표님이 그림을 한 장 한 장 넘기며 원고로 쓸 그림을 골라내셨다. 그렇게 추려진 그림들을 배접하고 보완해서 그림 원고를 완성했다. 이런 과정을 거쳐서인지 그 두 권에 담긴 그림들은 의도했던 만큼 선이 거침없고, 먹도 생동감 있어 보인다.

셋째 권 『혼자서도신나벌레는 정말 신났어』(재미마주, 2002)는 채색 방법을 찾는 데만 열 달 정도 걸렸다. 색깔 단어를 먹는 글자벌레 이야기다 보니 특별히 색깔이 정확하고 색감도 풍부해야 했다. 민화의 채색을 거듭해서 살펴보다가 분채를 쓰기로 작정하고 인사동에 나가 물감과 작은 접시를 잔뜩 사 왔다. 『채색화기법』(조용진 지음, 미진사, 1994)을 펴놓고, 북경에서 배웠던 것을 바탕으로 분채 쓰는 법을 새로 익히며 방법을 찾아갔다. 화선지나 순지에 먼저 연필 스케치를 하고, 세 번 배접하여 화판에 붙인 후, 바탕에 호분과 아교, 백반을 섞어 포수를 하고, 그 위에 다시 분채를 여러 겹 올렸다. 분채는 공이 많이 드는 작업이라 그렇지, 칠하다가 망쳐도 그 위에 덧칠할 수 있고 칠할수록 깊은 맛이 난다. 가령 노란색을 표현할 때 보라색을 밑색으로 칠한 후에 보색인 노란색을 올리면, 색이 침착하게 가라앉으면서 은은해지고, 흰색을 밑색으로 칠한 후에 노란색을 올리면 화창한 봄날 같은 맑은 노랑이 된다. 노란색 농도를 엷게 칠하면 밑색이 비치는 투명한 노랑도 만들 수 있다. 덧색이 밑색을 완전히 덮어 버리게 할 수도 있고, 밑색이 경계선 바깥으로 살짝살짝 드러나 보이게 할 수도 있다.

나는 즐겁게, 심심하게, 장난기 있게 색을 칠하고, 화면 안에 단정함과 어수선함, 섬세함과 거칢, 나아감과 물러남, 익숙함과 낯섦을 써 나갔다. 음악에서 박자와 음률이 그렇듯이, 화면에서 선과 면이 색색으로 어우러지며 춤추는 것처럼 보이게 하고 싶었다.

아침에 눈만 뜨면 화판 위에 머리를 박고 하루 종일, 여기 칠했다 저기 칠했다, 이 색을 칠했다 저 색을 칠했다, 선을 그었다 없앴다를 반복하며 붓질을 했다. 그러다 보면 내가 작업실이 아니라 진공 상태의 어떤 공간에 떠 있는 것 같았다. 전화벨 소리가 울리거나 식구들이 집으로 돌아오면 그제야 그 공간은 뒤로 물러나 버린다. 새 책을 준비하고 그리는 1~2년은 내게 그다지 긴 시간이 아니다. 붙잡고 늘어지다가 도저히 어찌할 수가 없을 때는 손을 놓아야 하고, 놓았던 손을 다시 길들이기를 몇 번이나 반복해야 한다. 책 한 권을 만드는 시간 속에 그림 그리는 기법을 배우고, 익히고, 또 익숙해지는 시간까지 함께 담겨 흘러간다.

『혼자서도신나벌레는 정말 신났어』 원화의 조각들,
한지에 호분·아교·분채·동양화 물감·유성펜, 2002.

4

여성, 엄마, 해녀

"사각은 두부,
두부는 하얗다"

『만희네 집』에는 만희와 엄마가 장독대로 올라가는 계단에 앉아서 그림책을 읽는 장면이 있다. 그때 만희가 들고 있었던 그림책은 폴란드 작가 유리 슐레비츠(Uri Shulevitz, 1935~)의 『새벽』(강무홍 옮김, 시공주니어)이다. 국내에는 1994년에 소개됐는데 이 책을 처음 보았을 때, 짧은 글에 새벽 호숫가에 비치는 햇빛과 배가 떠 있는 풍경이 쓸쓸하면서도 아름다웠다고 기억한다. 시 구절의 행간을 작가가 적극적으로 해석해 그림으로 표현한 형식에서 신선한 충격을 받기도 했다.

    7년 여의 시간이 흐른 2001년, 그림책을 기획하고

디자인하는 기획사 '달·리 크리에이티브'(이하 달·리)의 고선아 실장님이 시나 노랫말에 작가 시선으로 그림을 담는 '우리시그림책' 시리즈를 제안했다. 『새벽』을 떠올리며 매력적인 그림책이 되지 않을까 생각했다. 당시 나는 예정된 '글자벌레 시리즈' 다섯 권 중 세 권만 출간한 상황이었는데, 그것으로 충분하지 않을까 싶기도 하고, 글쓰기에 점점 자신이 없어지면서 기회가 생기면 마음에 드는 다른 이의 글에 그림을 그려 봐야지 하던 참이었다. 한 주제를 3~4년 붙잡고 있다 보니 싫증이 나기도 했다.

　달·리에서는 미리 시그림책이 될 만한 시와 동요의 목록을 뽑아 놓았다. 나는 그중에서 〈안녕 삼각, 또 와라 사각〉이라는 제주도꼬리따기노래를 선택했다. 어릴 때 즐겨 부르던 〈원숭이 엉덩이는 빨개〉와 같이 말꼬리를 이어 가는 노래로, 가사가 재미있고 문장도 짧아 리듬감이 있었다. 작가가 해석하고 개입할 수 있는 여지가 많고, 글과 그림의 관계에서도 상상력을 충분히 발휘할 수 있어 보였다. 노랫말의 함축성과 운율을 살리며 그림과 함께 엮는다면, 신나게 작업할 수 있을 것 같았다. '우리시그림책'에는 나 외에도 여러 작가들이 참여했는데, 달·리는 시그림책 관련 자료를 모아 작가들이 함께 공부하고 의견을 나누는 모꼬지를 여러 번 마련해 주었다. 생각을 같이하는 동료 작가들과 편집자가 함께 진행하니 든든했다.

〈안녕 삼각, 또 와라 사각〉의 전문은 다음과 같다.

"안녕 삼각, 또 와라 사각. 사각은 두부, 두부는 하얗다. 하얀 것은 토끼, 토끼는 난다. 나는 것은 까마귀, 까마귀는 검다. 검은 것은 굴뚝, 굴뚝은 높다. 높은 것은 하늘, 하늘은 푸르다. 푸른 것은 바다, 바다는 깊다. 깊은 것은 부모의 은혜."

'삼각', '사각'의 단순함과 '하얗다', '검다', '푸르다' 등의 색깔 표현은 '글자벌레 시리즈' 셋째 권 『혼자서도 신나벌레는 정말 신났어』를 그리며 가졌던 고민의 연장선에 있었다. 보통 꼬리따기노래에는 줄거리가 없지만, 〈안녕 삼각, 또 와라 사각〉은 내용이 구체적인 사물에서 시작해 점점 추상적인 개념으로 확장된다. 그 점을 살려 노랫말에 그림 이야기로 살을 붙이기로 했다.

먼저 연습용 화선지에 삼각, 사각 모양을 한 주인

공을 그렸다. 두부를 들고 엄마를 찾아가는 길에 친구들을 만나면서 두부를 나누어 먹고, 마지막 장면에 엄마 품에 안겨 아주 작아진 두부를 엄마에게 주는 이야기로 구성했다. 연속해 그린 낱장 화선지들을 접고 붙여서 그림책처럼 가제본해 첫 번째 더미북을 만들었다. 더미북은 그림책을 완성해 가는 단계에서 만드는 가제본이다. 더미북을 넘겨 가면서 각 장의 구성뿐 아니라 흐름과 연결을 검토해 볼 수 있기에 작가 입장에서 더미북 제작은 생각을 촘촘히 짜면서 독자와 소통하는 길을 다듬는 과정이기도 하다. 글은 한 편이지만 여러가지, 또는 여러 단계의 더미북이 나올 수 있다는 점에서 흥미로운 작업이다.

네 번째 더미북은 첫 번째와 같은 줄거리에 두부, 토끼, 까마귀 등 사물이 중심이 되도록 구성했다. 다섯 번째 더미북은 꼬리따기노래가 뒤에 어떤 단어가 붙느냐에 따라 엉뚱하게 흘러간다는 특징에 주목해 그 재미를 살리려고 했다. 한 곡으로도 풀어 낼 수 있는 표현 방식이 이렇게 다양한 것은 그만큼 노래에 해석의 여지가 많았다는 뜻이기도 하다.

세 종류의 더미북을 완성하고 2002년 여름방학이

『시리동동 거미동동』의 더미북 6,
화선지에 먹, 2002.

되자마자, 친구네 가족과 같이 제주도로 몇 년 동안 별렀던 여행을 떠났다. 세 종류의 더미북 여섯 권을 끝낸 후여서 홀가분한 마음이었고, 작업하는 책의 소재가 '제주도'의 노래이니 겸사해서 제주도가 어떤 곳인지 직접 보고 싶었다. 여행에 돌아와서는 더미북 중 가장 마음에 드는 것을 더 진전시켜서 그림책으로 완성할 계획이었다. 그런데 제주에 다녀오고는 일곱 번째 더미북 한 권을 더 만들게 되었다.

제주 돌담에서 만난
여자아이

『시리동동 거미동동』(창비, 2003)에 등장하는 여자아이를 나는 '시리'라고 부른다. 책에서는 따로 이름이 불리지 않지만 말이다. 시리를 만난 데는 사연이 있다.

제주에 발을 딛자 가장 먼저 눈에 들어온 건 검은 돌, 바로 현무암이었다. 담장, 집, 창고, 밭길, 바닷가 어디나 현무암은 조금씩 색깔만 다를 뿐 쌓여 있고 널려 있고 박혀 있었다. 특히 바닷가 주변에 있던 돌들은 파도를 맞고 물기를 머금어 마치 먹물을 툭툭 찍어 놓은

『시리동동 거미동동』의 더미북 6,
화선지에 먹, 2002.

것 같이 까맣게 빛났다. 육지와 다른 바닷가 공기, 그 냄새, 쨍쨍한 여름날의 햇빛, 눈이 시리도록 파란 하늘, 옥빛 바다, 아무도 없는 중산간 들숲은 나를 아주 오래되고 먼 세계로 데려다 놓았다. 내 마음을 마구 휘젓는 제주의 자연과 그 자연에서 살아가는 사람들의 모습에 감탄하며, '안녕 삼각'과 '또 와라 사각'은 무엇이었을지 머릿속에 질문이 맴돌았다. 아무래도 제주의 전래동요이니 제주의 어딘가에 그 내력이 있겠지 싶어 눈여겨보며 다녔다. 그러다가 '삼각'은 한라산, '사각'은 돌담이 아닐까 상상하기도 했다.

차를 빌려 우도에 들어갔을 때였다. 지금은 그때의 모습을 찾아볼 수도 없게 카페와 숙소, 음식점이 잔뜩 들어섰지만, 당시만 해도 우도 바닷가는 거의 자연 그대로의 모습이었다. 가끔 시멘트 길 위에 미역을 널어놓은 게 전부인 고요하고 한적한 섬이었다.

나는 아이들이 재잘대는 소리를 흘려들으며 자동차 맨 뒷좌석에 앉아 창밖 풍경을 보고 있었다. 왼편 부두에는 작은 배가 매여 있고 그 건너편으로 삼각형의 산방산이 보였다. 오른편으로는 바람에 날아갈까 봐 밧줄로 동여맨, 지붕만 돌담 위로 솟아 있는 초가집 한 채가 보였다. 순간, 나는 이곳이 이번 그림책의 무대가 될 것 같다는 예감에 차를 세우고, 혼자 내려서는 급하게 돌담 사이를 돌아 초가집 마당으로 들어섰다. 마당에는 장대를 받친 빨랫줄에 빨래가 널려 있었고, 쪽마루 넘어 방 안을 들여다보니 할아버지가 낮잠을 주무시고 계셨다. 할아버지를 깨워 허락을 받는 것이 번거로워서 몰래 사진을 얼른 찍고는 돌담을 빠져나오는데, 한 여자아이가 돌담 사이에서 나를 빤히 바라보고 있었다. 그러더니 아이는 길을 나와 바다에서 물질하는 엄마를 향해 걸어갔다.

    차에 오르자마자 뒷좌석에 앉아서는 수첩을 꺼내 빠르게 그림책의 줄거리를 메모했다. "엄마가 언제 오나 기다리다가, 여자아이는 돌담을 돌아 나와 엄마에게로 걸어간다. 하늘은 높고 바다는 푸르다. 그 바다 깊은 곳에서 엄마는 물질을 하고, 아이는 바위에서 놀다가 엄마와 함께 집으로 돌아온다." 이런 내용이었다. 여행에서 돌아와 바로 일곱 번째 더미북을 그렸다. 사실 돌담에서 만났던 여자아이는 실제가 아니라 내 마음으로 본 것이다. 그렇게 그 아이는 내 마음속에 들어앉아 더미북을 그리는 내내 토끼를 불러내고 까마귀를 타고 하늘을

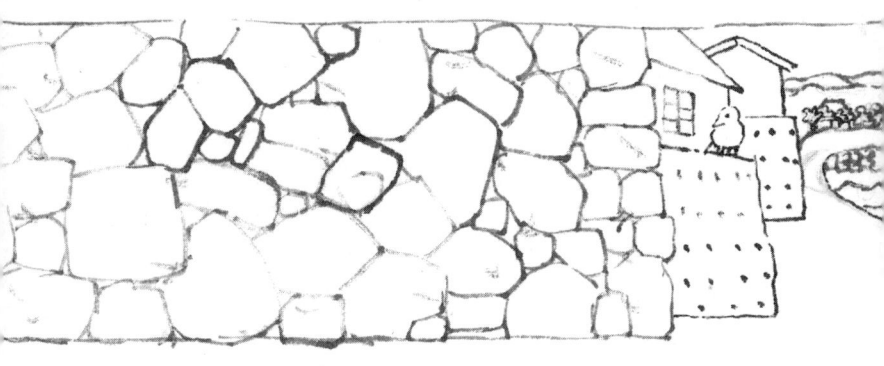

『시리동동 거미동동』의 더미북 9,
원화 밑그림의 부분, 화선지에 먹, 2002.

날았다.

    네 가지 더미북을 놓고 어느 방향으로 완성해 갈지 행복한 고민을 하는 중에 달·리로부터 날벼락 같은 연락이 왔다. 〈안녕 삼각, 또 와라 사각〉의 첫 구절 "안녕 삼각, 또 와라 사각"이 일본의 유치원에서 불리던 노래의 일부라는 것이다. 일제강점기 때 조선으로 넘어왔고, 거기에 제주 동요가 덧붙여져 불리던 것을 1940년대에 채록했다는 내용이었다. 이 소식을 듣고 며칠간은 하던 작업을 덮자고 생각했다. 일제강점기 식민지 문화정책의 일환으로 전파되었을 상황을 떠올리면 더 이상 진행할 수가 없었다. 그런 중에도 우도에서 보았던 여자아이가 자꾸 내 앞에 아른거렸다. 시그림책이니 글 자체보다는 그림이 담고 있는 이야기가 더 중요하지 않을까. 그렇다면 그림에 맞게 글을 고칠 수도 있지 않을까. 이런저런 고민만 키우다가 제주 우도에 다시 가 보고 결정하기로 마음먹었다. 그리고 그때 나는 처음으로 제주를 여행이 아닌 '취재'를 목적으로 찾게 됐다.

    2002년 8월 27일의 작업 노트를 들춰보면, 제주에 가서 담아 올 것들을 적어 놓은 게 보인다. 제주 해녀의 바닷속 이야기들, 해녀의 어린 시절 기억들, 물질하는 위치, 집과 물질하는 바다 사이의 거리, 바다까지 가는 길의 풍경, 물질하는 계절과 시기, 하루의 시간 흐름 등 내가 궁금했던 것들이었다. KBS에서 방영했던 다큐멘터리 〈한국의 미, 우도 모녀의 바다〉(2002년 4월 30일)를 구해서 보고는 거기에 나온 문장도 다음과 같이 써 놓았다.

"멀리 있어 그리운 것이 섬이라 했다."
"우리 목숨을 키우는 바다."
"딸은 고생하는 에미를 닮는다."
"섬의 여자들은 운명을 거부할 수 없다고 믿는다. 다만 달래 볼 뿐이다."

여름이 끝나갈 무렵이던 8월 28일, 나는 붓과 화선지, 먹물통, 제주 전래동요 사전, 작업 노트, 그리고 다큐멘터리 자막을 보고 적어 두었던 우도 해녀 할머니의 주소를 챙겨 들고 다시 제주도로 떠났다.

물질
그리고 영등맞이굿

해녀 할머니를 뵙기 위해 우도로 찾아갔지만 정작 할머니는 그곳에 계시지 않았다. 할머니의 안부조차 알 수 없어 실망한 마음으로 해가 저문 우도를 터덜터덜 걷고 있는데, 나를 부르는 소리가 들렸다. 돌아보니 할머니 여러 분이 밭에서 마늘을 심고 계셨다. 내게 어디 가느냐고, 마늘이나 심고 가라시기에 나는 걱정스런 말투로 오늘 어디서 묵어야 할지 모르겠다, 잘 만한 곳이 있으면 알려 달라고 하면서 해녀 할머니를 만나고 싶다는 말도 덧붙였다. 그러자 한 분이 민박을 하는 해녀 할머니를 소개시켜 주셨고, 나는 얼떨결에 따라간 그곳에서 열흘 넘게 머물렀다. 계획대로라면 달·리 친구들이 며칠 후 합류해야 했는데, 태풍이 오는 바람에 배가 뜨지 않아 혼자 지내야 했고, 덕분에 저녁마다 할머니께 해녀 이야기를 실컷 들을 수 있었다.

    열 살이면 바다에 나가 물질을 배우는데, 바닷길은 들어가면 살아서 나올지 죽어서 나올지 모르는 저승길과 다름없다는 것. 물속에서 욕심을 내면 아차 하는 순간 목숨을 잃는다고, 한 달 전에도 물질 나갔던 한 사람이 돌아오지 못했는데 그런 소식을 들으면 다시는 물에 들어가고 싶지 않다고 하셨다. 그리고 물질할 때는 물속에서 거꾸로 있어야 하니 아침밥을 많이 먹고 들어가면 다 토한다고도 하셨다. 요즘 젊은 해녀들은 밥도 먹지 않고 하루 종일 물질을 하는데 당신 젊었을 때도 그렇게 고생하며 악착같이 살았다고, 예나 지금이나 해녀의 삶은 별반 다르지 않다는 이야기들이었다.

하루는 바다로 들어가는 물길이 있다는 할머니 말씀을 따라 바닷가로 나갔다. 길가 옆 밭 가운데에서 무덤을 보았다. 마을에 안 좋은 일이 생기지 말라고 쌓아 놓은 커다란 방사탑도 보았다. 원래는 바닷가 끝에 있었을 텐데 바닷물이 마르고 길이 생기면서 이곳에 서 있게 된 거라고 짐작했다. 바닷가에 다다르자 이어지던 시멘트 길이 정말 바다로 들어가고 있었다. '바닷길이 살아서 나올지 죽어서 나올지 모르는 저승길'이라던 할머니 말씀이 떠올랐다. 아무도 없는 그곳 바위에 앉아 『시리동동 거미동동』의 시리처럼 마냥 바다를 바라보았다. 해녀 할머니 집을 나와 바닷가로 가는 길에 만난 풍경은 그대로 『시리동동 거미동동』의 배경이 되었다.

태풍이 우도를 지나가던 날은 대단했다. 바람 부는 소리가 천둥 우는 소리처럼 밤새 쉬지 않고 들렸다. 전기가 나갔고 방에 빗물이 샜다. 혼자 촛불을 켜고 있었는데 바람 소리가 너무 크고 무서워서 잠이 오지 않았다. 그림을 그리고, 전래동요 사전도 읽었다. 며칠 후 물때가 되어 물질하러 가는 할머니를 따라나섰다. 그때 처음으로 바닷가에서 숨비 소리를 들었다. 숨비 소리는 해녀들이 바닷속에 들어갔다가 나와서는 태왁◆을 잡고 참았던 숨을 내쉴 때 나는 소리다. 그 소리를 듣는데 커다란 새가 우는 것 같아서 가슴이 먹먹했다.

    그렇게 열흘 넘게 지내면서 글을 고쳐 쓰고 스케치를 했다. 아침마다 할머니가 끊어 놓는 추녀 밑의 커다란 거미줄, 그 위의 왕거미를 보며 동요의 단어들을 새롭게 조합하고 덧붙여 "시리동동 거미동동" 구절을 만들었다. 노래의 끝말 "부모의 은혜"를 "엄마의 마음"으로 바꾸면서 제주 여성, 해녀의 삶을 담았다. 취재를 마치고 집에 돌아와서는 제주 여성에 대한 자료들을 더 찾

◆ 제주 말 '태왁'은 '물에 뜬 바가지'를 뜻한다. 해녀가 바다 수면에서 몸을 의지하거나 헤엄쳐 이동할 때 사용하는, 물에 뜨는 도구다.

아서 읽었다. 육지 여성의 삶과 무엇이 다른지, 제주에서 엄마와 딸의 관계는 어떤지 궁금했다.

"서러운 어머니 나를 임신했을 때/ 어느 바다의 미역으로 끓인 국을 먹어서/ 바람 불고 파도가 일 적마다/ 미역 같이 흔들거리더라."

"딸아 딸아 우리 딸은/ 대보름 같은 내 딸/ 물 아래 옥돌 같은 내 딸/ 제비새 곁날개 같은 내 딸/ 두루미 앞가슴 깃 같은 내 딸/ 숨어 있는 새 같은 내 딸."(제주도지 편찬위원회, 『제주 여성문화』, 2001.)

제주 여성들에게는 남편이 배 타고 나가 사고로 세상을 떠나더라도 혼자 살아갈 수 있는 자립심이 생활 속에 배어 있었다. 고된 삶이었겠지만, 1960년대 제주 해녀가 무명천의 얇은 홑옷에 태왁과 망사리♦♦를 메고 거리를 활보하는 사진을 보면, 당당하고 멋있다. 취재를 거치고 자료를 읽으면서 생생해진 제주 여성의 삶은 돌

♦♦ 망사리는 해녀들이 채취한 해산물을 넣어 두는 그물망으로, 태왁에 매달려 있다.

담에서 만난 여자아이 시리를 거쳐 그림책 안으로 녹아들었다. 내가 그림책을 그리는 동안 고달픈 삶을 살아야 했던 제주 여성의 노래와 이야기에 젖어 있어서 그런지 『시리동동 거미동동』을 보면 슬프다는 감상을 듣기도 한다. 강연에서 만난 독자들은 종종 내게 제주가 고향이냐고, 제주를 참 잘 알고 있다고 말하는데, 나도 그것이 이상하다. 아무 연고도 없던 제주에서 어떻게 그들의 삶 속으로 깊숙이 들어가 볼 수 있었던 걸까?

책이 나오고 제주에 친구들이 생겼다. 제주기적의도서관 개관준비위원장이었던 허순영 선생님과 제주 KBS의 권영옥 방송작가님은 2003년에 제주기적의도서관 개관 전시를 함께하면서 정이 들었다. 두 분은 지금도 제주에 가면 만나고, 한동안 못 보면 보고 싶어지는 사람들이다. 제주에서 강의가 들어오면 거절하지 않고 내려가 강의 끝내고 제주 여기저기를 함께 다녔다. 한 번은 이른 봄에 열리던 제주 영등맞이굿을 함께 본 적이 있다. 바람의 신 영등할망이 음력 2월 초에 제주에 와서는 보름 정도 머물며 바다에 씨를 뿌리고 사람들을 보듬어 주고 떠난단다. 그때 영등맞이굿이 열린다. 먼저 굿판 상차림을 하기 위해 아낙들이 한 손에는 작은 밥상을 들고, 다른 한 손에는 음식과 그릇을 넣은 함지박을 허리춤에 움켜잡고 들어온다. 중앙의 차림상 옆으로 작은 상들이 빼곡히 들어찬 풍경을 마주하는데 그들의 간절한 마음이 보여서 울컥했다. 저녁 무렵, 굿이 끝나자 배를 타고 제물을 바다에 보내러 간다기에 나도 엉겁결에 쫓아가 뱃머리에 올라앉았다. 영등할망이 제주에 올 때는 바람이 많이 불고 파도가 세게 칠 때라고 하더니, 정말 작은 배의 뱃머리가 45도 각도로 들렸다 떨어졌다 했다. 뱃머리가 하늘로 치솟았다가 내려오면서 파도 속으로 들어가는데 금방이라도 뒤집힐 것 같아 겁이 나서 나도 모르게 소리를 질렀다. 그러자 함께 탄 해녀들이 소리 지르면 안 된다면서 꽹과리를 치고 노래를 부르기 시작했다. 다 함께 아주 큰 소리로 노래를 부르니 무서움이 차츰 가라앉았다. 이렇게 다들 자연의 무서움을 이겨왔구나! 배를 타고 멀리 물질을 나가서 거센 풍랑을 만나면 다 함께 노래를 불렀겠구나! 흥을 돋우며 힘차게 부르는 해녀들의 노랫소리에 나도 모르게 눈물이 흘렀다. 이른 봄 해지는 바다의 흥겨운 노랫소리는 세차게 불어대는 바람에 실려 내 얼굴을 스치고, 검푸른 파도를 타고 너울너울 바다로 멀리 퍼져 나갔다.

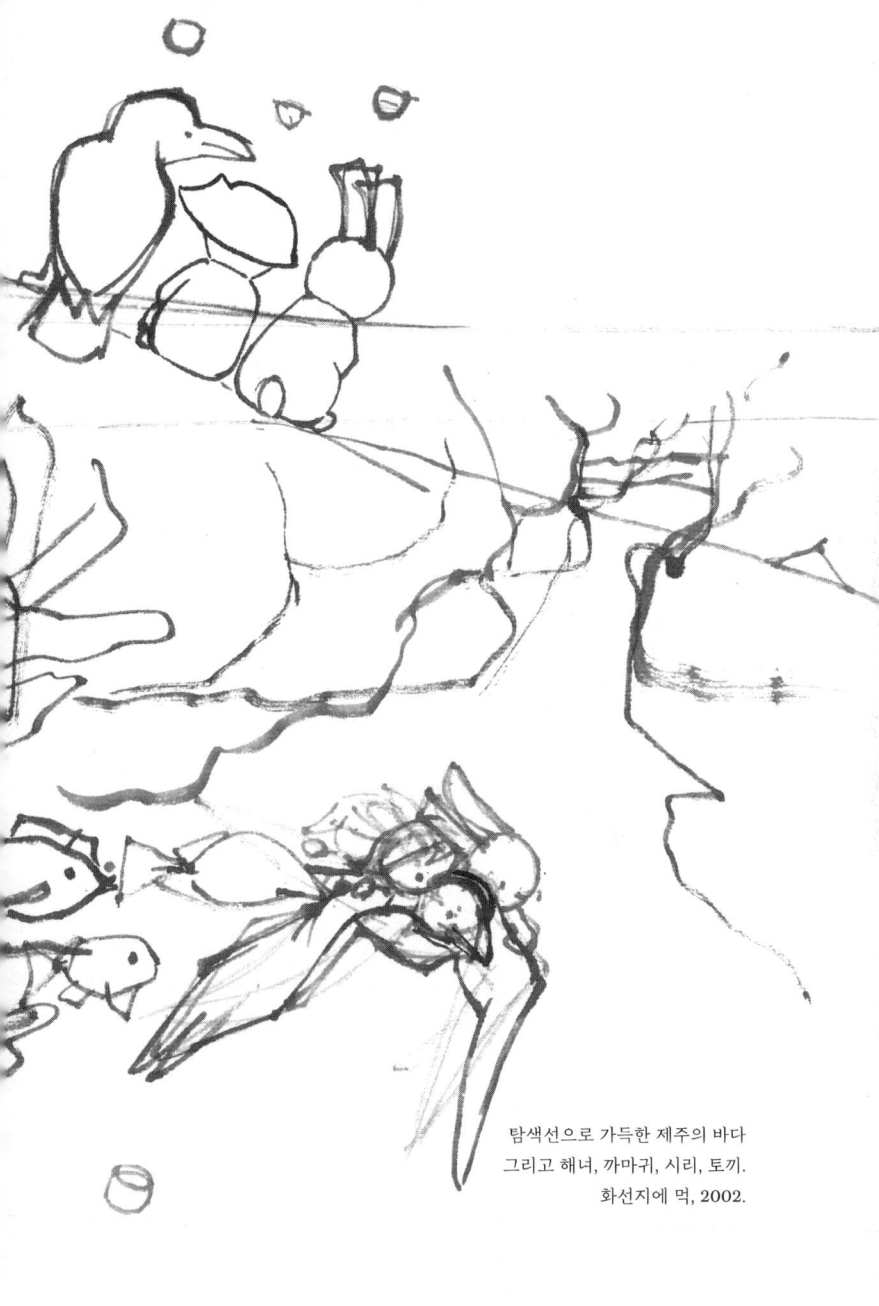

탐색선으로 가득한 제주의 바다
그리고 해녀, 까마귀, 시리, 토끼.
화선지에 먹, 2002.

돌아다니는
'시리'

『시리동동 거미동동』은 2003년 7월에 작고 앙증맞은 책으로 세상에 나왔다. 나는 이 책으로 제일 먼저 제주에서 출간기념회나 원화 전시를 하고 싶었다. 마침 그 무렵 허순영 선생님이 개관전에 『시리동동 거미동동』 전시를 하자며 출판사로 연락을 해 왔다. 소원이 이루어지니 꿈만 같았다. 허 선생님은 안 될 것처럼 보이는 일도 덥석덥석 겁 없이 추진해 일이 되도록 만드는 분이다. 하고 싶은 것이 많은 나로서는 이것 저것 제안했고, 서로 맞장구를 치며 일을 벌려 나갔다. 권영옥 작가님은 옆에서 꼼꼼히 챙기며 필요한 사람들을 연결시켜 주고, 〈뚤뚤 대보름 딸〉 영상을 만들어 『시리동동 거미동동』 애니메이션과 함께 전시장에서 상영할 수 있도록 해 주었다. 〈뚤뚤 대보름 딸〉에는 사진작가 홍정표(1907~1992), 서재철(1947~) 님의 사진과 소릿꾼 오영순(1956~2014) 선생님이 지도하는 제주 북초등학교 어린이들의 꼬리따기노래가 함께 실렸다. 지금도 강연하러 갈 때면, 어린이들에게 이 영상을 보여 준다. 제주말로 부르는 꼬리따기노래를 들려주면 어린이들은 분명 우리 말인데 무슨 말인지 못 알아듣는 이상한 경험을 하면서 재미있어 한다.

『시리동동 거미동동』은 도서관 개관전 준비를 하면서 여러 다른 매체로도 만들어졌다. 애니메이션은 황선미 작가의 동화 『마당을 나온 암탉』(사계절, 2000)을 제작했던 오성윤 감독이, 애니메이션에 들어가는 노래는 류재수 작가의 『노란우산』(보림, 2007)을 피아노곡으로 작곡했던 신동일 작곡가가 노래와 녹음까지 맡아 주셨다. 노래에 물허벅의 바람 소리를 넣겠다며 제주에서 직접 물허벅을 갖고 와 연주에 사용하기도 했다. 손가락 인형과 전시 인형은 정상경 작가가 천을 염색하고 손바느질로 앙증맞게 만들어 주셨다. 달·리와 최남주 디자이너가 홍보물 디자인을, 당시 동대문 꿈틀어린이도서관 사서였던 공진영 님이 전시 소품 제작을 도와 주셨다. 제주에서는 양현심 공방 대표가 원화 전시대를 만드셨고, 제주그림책연구모임과 제주기적의도서관 자원활동가, 어린이NGO 지도 교사가 참여하여 프로그램을 진행해 주셨다.

어떻게 이렇게 많은 작가와 활동가 들이 장르를 넘

어서 작품으로, 프로그램으로 전시에 함께 참여했는지 지금 돌아봐도 신기하기만 하다. 2004년 5월 어린이날에 제주기적의도서관 개관전으로 시작한 〈보고, 듣고, 만지는 시리동동 거미동동〉 전시는 순천기적의도서관, 청주기적의도서관, 광진구도서관, 헤이리 동화나라어린이전문서점 등으로 이어졌다. 아무래도 돌담에서 만난 단발머리 시리가 돌아다니며 일을 만들었던 게 아닐까 싶다.

신기한 일은 또 있었다. 2007년 한국어린이도서관협회가 재일조선학교◆에 그림책을 지원하는 사업을 진행할 때, 나는 일본의 기후조선초중급학교에 다니는 유치원생들과 『시리동동 거미동동』으로 수업하며 작가와의 만남을 가졌다. 첫 시간에 어린이들에게 책을 읽어주는데 갑자기 담임선생님이 교실 밖으로 뛰쳐나가는 게 보였다. 마음이 쓰였지만 참고 수업을 마친 후 나가보니, 선생님이 울고 계셨다. 내 손을 꼭 잡으며 자신의 엄마가 제주 해녀여서 어릴 때부터 해녀 이야기를 듣고

◆ 조국 통일을 지향하면서 남북 분단 이전의 조선인이라는 명칭을 고수하는 재일조선인이 민족 교육을 위해 세운 학교.

자랐다고 하셨다. 『시리동동 거미동동』을 보는 순간 자신이 그림책 속 여자아이인 것만 같아 엄마가 그리워 눈물이 쏟아졌다는 것이다. 예순 전후의 선생님은 내가 학교에 머무는 내내 내 손을 놓지 않으시고, 누군가 나를 이곳으로 보내 준 것이라고 여러 번 말씀하셨다. 그때마다 나는 속으로 '이번에도 시리가 그랬구나!'라고 생각했다.

지금도 나는 이런저런 이유로 제주에 드나들 일이 자주 생긴다. 돌담에서 만났던 시리가 아직도 못다 한 제주 이야기가 있다고 손짓하고 있는 게 아닐까?

그림으로 주고받는
수수께끼

『시리동동 거미동동』을 펼치면 하늘과 바다가 맞붙어 막막하고 아득한 면지 그림이 나온다. 판권 면 다음의, 하얀 화면에 삼각형이 홀로 그려진 첫 장을 넘기면, 시리가 돌담 사이로 밖을 빤히 바라보고 있다. 글 없이 시작하는 그림 두 장을 넘기고 나서야 시리가 삶은 감자를 손에 들고 신발을 신는 본문 그림이 시작된다. 글은 짧지만, 그림으로 촘촘히 이야기를 꿰어서 그림 속 이야기는 길게 이어진다.

길을 나선 시리는 커다란 거미줄도 만나고, 토끼도 만나고, 까마귀도 만나고, 바닷가에 높이 솟은 바위도 만난다. 바위에 올라가 다 함께 감자를 나누어 먹고는 까마귀를 타고 하늘을 날다가 엄마 생각이 나서 바다에서 물질하는 엄마를 찾아본다. 태왁이 떠 있는 바닷가 물길 옆 바위에 앉아 엄마를 기다리다가 함께 집으로 돌아온다. 작은 것에서 큰 것으로, 구체적인 것에서 추상적인 것으로 나아가 마지막에는 가장 크고 추상적인 엄마의 마음에 다다른다.

"하늘은 푸르다"라는 글귀를 마주했을 때 느꼈던 막막함은 아직도 생생하다. 너무나도 분명한 말이지만 문장 그대로 하늘을 푸르게만 그린다고 될 일은 아니었다. 마치 선승의 화두처럼 입안에서 되뇌면 되뇔수록 미궁으로 빠져 버리는 글귀였다. 글이 함축적인 만큼 그림 역시 대상을 직접 묘사하는 방식은 맞지 않았다. 책장 사이사이에 흐르는 시간, 공간의 이동, 색깔로 이어지는 감정의 연결, 노래의 리듬이 들어간 화면의 강약 등을 고민해 가면서 실마리가 풀렸다. 또 글이 짧으면 독자들이 그림에 머무는 시간도 짧아질 수밖에 없을 것 같아 되도록 장면 장면을 오래 볼 수 있도록 곳곳에 수수께끼를 숨겨 놓았다. 중심 가지에서 갈라져 나온 작은 곁가지 장면까지 독자들과 소통할 수 있는 길을 만들었다.

    나는 『시리동동 거미동동』의 어린이 독자들을 만날 때마다, 내 의도를 얼마나 알아차렸을까 궁금해 이런 수수께끼를 내보곤 한다. "책 맨 앞에 삼각형이 나오죠? 이게 무엇을 의미하는지 각자 해석해 볼까요? 이 삼각형이 책 뒤쪽으로 가면 두 번 더 나와요. 그것을 보았나요? 시리는 집을 나서서 어디로 가는 걸까요? 시리가 가는 길 오른쪽의 작은 그림으로 다음 길이 연결된다는 걸 알아챘나요? 커다란 거미줄에는 말벌이 걸려 있는데 그럼 왕거미는 어디로 숨은 걸까요? 토끼와 까마귀는 여자아이와 친구하고 싶어 해요. 아이가 들고 가던 감자를 뒤에서는 토끼가 들고 가요. 보았나요? 높은 바위에 올라가 셋이 감자를 나누어 먹어요. 그런데 그 높은 바위에 아이와 토끼는 어떻게 올라갔을까요? 아이는 하늘을 날다가 엄마 생각이 나서 아래를 내려다보죠. 물 위에 떠 있는 태왁들 중에 엄마 태왁은 무슨 색깔일까요? 바닷속 물고기들도 엄마와 아기가 함께 있어요. 성게 세 마리는 엄마의 망사리 속에 들어 있고요. 어스름 저녁, 엄마는 빨래를 널어놓고 아이와 함께 방에 있겠지요? 불 켜진 방 아래에는 왜 고무신이 두 켤레뿐일까요? 그 까만 바위는 깜깜한 밤에도 밤바다를 지키고 있겠지요?"

이번에는 아이들이 내게 묻는다. 어디서나 받는 질문은, "왜 한쪽 눈이 얼굴 밖으로 나왔어요? 토끼가 어떻게 날아요?"다. 나는 그때마다 정면에서 본 얼굴 그림, 옆에서 본 얼굴 그림을 비교해서 보여 주며 설명한다. "이렇게 보면 눈이 얼굴 안에 있지요? 그런데 45도 틀어진 약간 측면의 얼굴을 그릴 때는 눈을 얼굴 안으로 넣으면 이상해져요. 왜냐면 코를 그리지 않았기 때문이에요." 그리고 토끼에 대해서는 이렇게 답하곤 한다. "토끼가 뛰는 모습과 사람이 뛰는 모습을 머릿속에 그려 보세요. 비슷한가요? 특히 토끼가 뒷발을 차고 뛰어오를 때는 나는 것 같지 않나요? 우리도 친구가 빨리 오면 '너 날아 왔니?' 그러지요. 말은 형상을 모두 담아내지 못해요."

이야기를 그림으로 연결시키는 작업은 흥미로운 일이었다. 그렇지만 제작 과정에서 출판사와 의견이 달라서 논란이 된 부분도 있었다. 삼각형이 나오는 장면과 아이가 돌담 사이로 담장 밖을 내다보는 장면, 곧 첫 두 그림이 굳이 들어갈 필요가 있느냐는 것이었다. 더미북이 거의 완성되었을 무렵 출판사, 기획사와 함께 이 문제를 놓고 심각하게 회의를 했다. 이 책을 보는 주 독자가 유치원생에서 초등학교 저학년까지일 텐데, 앞의 두 장을 넣어 책을 어렵게 만들 이유가 없다는 것이었다. 나는 첫 장의 삼각형에 많은 의미를 두고 있었기에 출판사의 의견에 동의할 수 없었다. 삼각형은 한라산일 수도 있지만 어떤 섬, 이어도, 육지, 나아가 새로운 세상, 꿈꾸는 미래의 어떤 곳에 대한 상상의 출발점이기도 했다. 이 삼각형은 그림책 뒤쪽에 다시 나온다. 바다로 들어가는 물길이 있고, 시리가 토끼, 까마귀와 함께 엄마를 기다리며 바다를 바라보고 있는 그 장면의 정면에 삼각형이 있다. 이 책의 가장 중심 장면이기도 하다. 물길은 엄마의 깊은 마음에 도달하는 길이고, 엄마에게서 시리에게로 이어지는 삶의 끈이기도 하다. 아이의 앞날을 이끌어 줄 희망, 아이 자신이 바라는 희망을 삼각형으로 이야기하고 싶었다. 나는 독자들이 이 장면에서 첫 장의 삼각형을 기억해 의미를 곱씹어 주기를 기대했다. 책은 나의 바람대로 나왔다.

　여덟 번째 더미북을 만들고 나서야 채색을 시작했다. 채색하는 내내 주인공 시리만 떠올리면 그렇게 슬펐다. 하루 종일 화판에 매달려 있다가 저녁 해가 기울기 시작하면 가까운 북한산 자락을 올랐다. 햇빛이 나무 사이로 긴 그림자를 드리우는 것도 슬프고, 앙증맞게 매달려 있는 예쁜 꽃을 보아도 눈물이 맺히고, 길가에 활짝 펴고 햇볕을 쬐는 나뭇잎을 보아도 눈물이 흐르고……. 눈이 시리도록 파란 하늘을 보면 너무 아름다워서 나도 모르게 눈물이 나오는 것처럼 당시 내 눈에 들어오는 모든 것들이 그랬다. 슬픔이 가슴 깊은 곳에 틀어박혀 있었는데 그림을 그리다 보니 그 슬픔은 아름다움과 통하는 어떤 것이었다. 덕분에 슬픔을 오히려 더 화사하고 아름답게 그려서 표현하게 되었다. 이 표현법은 사람들의 마음을 열게 하고, 끔찍한 이야기를 화면 너머로 상상할 수 있게 해 주었다.

화선지에 유성 볼펜, 2002.

5

고양이와 한 걸음

진
주

'진주'는 우리 집에 살았던 고양이 이름이다. 아기 고양이로 우리 집에 왔을 때는 눈동자가 흑진주색이어서 '흑진주'라고 불렀다. 커가면서 눈이 초록색으로 바뀌길래 '흑'자를 떼어 버렸다. 진주는 나의 다섯 번째 그림책 『고양이는 나만 따라 해』(창비, 2005)의 한 장면처럼 어느 날 우리 집에 찾아왔다가 내가 다른 친구들과 정신없이 노는 사이, 다른 외로운 친구를 찾아 떠났다. 트렁크를 밀고 현관문을 나서며 인사한 것이 마지막이었다. 17년을 함께 살았으니 그날 내 차림새만으로도 내가 멀리 간다는 것을 알았을 게다. 내가 화장을 하고 작은 가

방을 들고 나가면 밤이 되어 돌아오고, 여행용 트렁크에 짐을 꾸리고 부산스럽게 준비하다 나가면 한동안 집을 비우리라는 것을 알고 있었을 게다. 며칠 후 트렁크를 끌고 다시 현관에 들어서면 진주가 현관 유리문 너머로 나를 기다리다가 도망가 버린다. 상자에 들어가 숨기 놀이를 좋아하면서도 트렁크 안에는 절대 들어가지 않는다. 짐을 풀고 있으면 앞으로 다가와, 조금 떨어진 곳에 귀만 쫑긋 내게로 향한 채 등을 돌리고 앉는다. 화가 나 토라진 게 분명하다. 다가가서 앉은 채로 반짝 들어 가슴에 품고 엄지손가락으로 이마를 문지르고 볼을 문지르면 어느 순간 가르릉거리며 화를 푼다.

내가 올 때까지 하루만 더 기다리지……. 그날은 늘 나를 기다리던 진주가 없었다. 나를 맞이한 건 거실의 피아노 위에 올려진 유골함과 그 옆에 놓인 『고양이는 나만 따라 해』 초판본이었다. 2019년 11월 15일, 진주가 세상을 떠나던 날, 나는 제주 거문오름 근처 숙소에 있었다. 선흘 2리에 있는 함덕초등학교 선인분교 5~6학년 어린이들과 그림책 수업을 하기 위해 내려가 있었던 것이다. 세계자연유산본부가 지원하고 '제주도서관친구들'이 기획한 '자연과 나'라는 그림책 만들기 수업인데,

프로그램이 격주마다 한 번씩 이틀 연속으로 짜여 있어서 숙소에서 이삼 일씩 묵어야 했다.

그날은 새벽 일찍 잠이 깨서 수업 준비를 하고 있었는데, 8시쯤 남편에게 전화가 왔다. 분명 전날 밤 늦게까지도 숨 쉬는 모습을 확인했는데 새벽에 잠깐 자고 일어나니 진주가 영영 떠났다는 것이었다. 한참을 멍하니 있다가 정신을 차리고 남편에게 전화를 걸어 진주를 부탁했다. 한지로 덮어 주고 『고양이는 나만 따라 해』 초판본을 찾아서 상자에 함께 넣어 화장장에 다녀오면 좋겠다고 했다. 화장장 대기실에서 차례를 기다리던 남편이 책을 뒤적이다가 나에게 메시지를 보내 왔다. "책 초판 발행일이 바로 14년 전 오늘이야!" 어머나, 세상에! 책 속의 이야기처럼 진주는 어느 날 내 친구가 되기 위해 나를 찾아왔던 거구나. 그리고는 책을 남기고, 다시 외로운 다른 친구를 찾아 떠나간 거구나. 그냥 그런 생각이 들었다.

나는 어릴 때부터 동물을 좋아했다. 엄마에게 혼나거나 섭섭한 일이 생기면, 마당의 개를 끌어안고 눈물을 뚝뚝 흘리곤 했다. 그러면 개는 까만 눈을 들어 나를 바라보다가 얼굴이며 손등을 핥아 주었다. 나는 엄마 속을 많이 썩이지는 않았지만 고집이 셌다. 형제 중 한 명이 잘못하면 넷이 한꺼번에 혼나곤 했는데 그럴 때마다 다른 형제들은 다 도망가고 나만 남아서 매를 맞았다. 나는 잘못한 게 없다며 도망을 가지 않았다. 훗날 엄마는 내게 그때 이야기를 종종 하셨다. 모두 도망가 버렸으면 오히려 화가 금방 풀렸을 텐데, 왜 도망가지 않고 그 매를 혼자 다 맞았느냐고.

진주가 우리 집에 온 후로는 진주에게 곧잘 속마음을 털어놓았다. 만희가 학교에 가고 남편이 출근하고 나면 집에 둘만 남는다. 내가 밥을 차리면 진주도 같이 밥 먹겠다고 앵앵거린다. 진주에게 말을 건네면, 그때그때 억양을 바꾸어 가며 앵앵 답하는데 정말로 대화를 나누는 듯싶었다. 속상한 일이 생기면 진주에게 다가가 작은 소리로 소곤소곤 풀어 내기도 했다. 그럴 때는 문득, 일찍 돌아가신 엄마가 고양이가 되어 내 옆에 와 계신 건가 싶기도 했다.

진주는 우리 집 식구 중에서 나를 가장 좋아했다. 나에게만 안겼고, 내 팔에서 꾹꾹이를 했고, 내 종아리에 붙어서 잤고, 아침에는 내 배 위에서 가르릉거렸다. 살날이 얼마 남지 않았을 때까지도 호기심은 여전해서

『고양이는 나만 따라해』의 더미북 5,
화선지에 먹, 2005.

이곳저곳 보고 싶다며 끙끙댔다. 안아서 싱크대 위에 올려주고 그 옆에서 식사 준비를 하면, 감자 냄새도 맡고 수돗물 떨어지는 것도 구경하고 내 손놀림을 따라가며 눈을 반짝거리기도 했다. 그래, 너는 천상 고양이구나! 나도 진주처럼 세상 떠나는 날까지 호기심을 잃지 않고 살면 좋겠다고 생각했다.

며칠 후 햇볕이 아주 좋던 날, 마당 소나무 밑에 진주의 뼛가루를 묻었다. 그곳에서 진주는 아침마다 참새가 종알대는 소리를 들을 테고, 바람에 라일락 잎이 떨어지는 소리도 들을 테고, 담장 밖에 사람들 오가는 소리, 차가 지나다니는 소리, 그리고 내가 외출했다가 열쇠로 대문을 따고 들어오는 소리도 들을 테다.

선택받은
집사

2003년 가을, 정릉동 골짜기에 살 때였다. 북한산에 오르려고 집을 나와 산 밑 동네 골목길을 지나다가 아주 작은 아기 고양이를 만났다. 연탄재와 쓰레기가 담긴 검은 봉지 사이에서 빽빽 울고 있었다. 눈에는 눈곱이 덕

지덕지 붙어 있었고, 털은 거칠게 뭉쳐 있는 데다가, 제대로 걷지도 못했다. 낳은 지 며칠 안 된 아기 고양이였다. 엄마 고양이가 주변에 보이지 않길래 그냥 두면 죽을 것 같아서 안고 집으로 돌아왔다. 눈에 안연고를 발라 주고 멸치국물을 내어 약솜에 묻혀 입에 짜 주었다. 할짝할짝 잘도 받아먹었다. 같이 지내보니 나만큼 눈망울이 크고 성질이 깐깐하며 고집이 센 산고양이였다. 건강해지면 밖으로 내보내야지 했지만, 식구들이 모두 그 애한테 홀딱 반하는 바람에 때를 놓쳤다. 겨울을 나고 진주는 초록색 눈, 분홍색 코에 검정, 누렁, 흰색의 털을 지닌 멋진 삼색 고양이가 되었다. 특히 목에 두른 윤기 나는 하얀 털은 빼어난 자태의 백미였다. 앞발 쪽으로 꼬리를 감고 앉거나, 앞발을 가슴에 품은 채 쪼그리고 있는 모습을 보고 있으면, "저렇게 귀티 나는 고양이가 어떻게 우리 집에 오게 된 걸까?" 궁금하곤 했다.

그때는 집 안에서 고양이를 키우는 사람들이 지금처럼 많지 않았다. 내가 고양이와 산다고 하면 질색을 하는 사람들도 종종 있었다. "왜 고양이를 키워? 강아지를 키우지." 나 역시 진주가 오기 전까지는 별반 다르지 않았다. 개는 사람에게 은혜를 갚지만 고양이는 끝내 해

코지를 한다느니, 고양이 눈에는 귀신이 보인다느니 하는 소리를 예사말로 여기지 않았으니 말이다. 그런데 같이 살아 보니 고양이만큼이나 매력적이고, 애정이 넘치는 동물이 없었다.

진주는 높은 곳에 뛰어오를 때도, 뛰어내릴 때도, 앉을 때도, 누울 때도, 기지개를 켤 때도 발레리나처럼 자태가 우아했다. 하얀 목덜미를 만져주면 목을 뒤로 젖히는데, 그런 모습 역시 매혹적이다. 창가에 햇빛이 비치는 날, 눈을 한참 들여다보고 있으면 초록색 눈자위에 보라색뿐 아니라, 재색, 갈색, 분홍색, 노랑색, 금색도 보인다. 마치 눈에서 해와 달이 뜨고 지고 은하수가 흐르는 것 같다. 빛의 양에 따라 가늘어지고 동그래지는 눈동자의 검은색이 너무 깊고 아름다워 그 신비로움에 무조건 복종하고 싶은 생각까지 든다. 진주의 눈을 바라보는 일은 마치 우주를 여행하는 것 같았다. 『고양이는 나만 따라 해』에서 여자아이가 고양이 눈 속에 들어가 있는 장면은 그런 느낌을 표현한 것이었다.

진주는 식구들이 예쁘다고 자신을 덥석 안는 것을 허락하지 않았다. 억지로 안아 보려 해도 네 발을 사람 가슴에 대고 버텨서 더 이상 가까이 품을 수가 없었다.

얼굴이라도 가까이 대 보자 하면 고개를 한껏 뒤로 젖혀 외면해 버리고, 더 괴롭히면 캬악 하며 성질을 부렸다. 그렇게 까탈스럽게 굴다가도 내가 책상에 앉아 있으면 이따금씩 소리 없이 다가와 무릎에 슬쩍 올라앉는다. 부엌에서 밥을 하고 있으면 애앵 하고 발등에 몸을 비비고, 소파에 몸을 펴고 앉아 쉴 때면 배 위로 올라와 고르릉 거리며 내 손을 핥았다. 결정은 언제나 내가 아니라 진주가 했다. 그걸 보면 애초에 진주가 우리 집에 온 것도 내가 아니라 진주가 선택한 게 분명하다. 나도 식구들도 때맞춰 밥 주고 똥오줌 치워주고 놀아 주면서 진주의 '집사'로 사는 것에 뿌듯해했다. 그러기를 3년째 되던 해, 나는 진주를 주인공으로 삼아 새 그림책을 쓰고 그렸다.

몸과 마음을
크게 부풀리고

『고양이는 나만 따라 해』의 표지를 넘기면 앞면지에 정면을 빤히 바라보는 고양이 눈이 나온다. 그 눈은 무엇을 보고 있는 걸까? 어느 날, 고양이가 친구 없이 혼자

『고양이는 나만 따라해』의 더미북 6,
원화 밑그림, 화선지에 먹, 2005.

놀고 있는 여자아이 집에 찾아 들어가 그 아이와 친구가 되었다. 글에는 "고양이가 하루 종일 여자아이를 따라 하며 논다"고 써 있지만, 그림을 자세히 보면 따라 하는 것은 고양이가 아니라 여자아이다.

그림 속 옷장에는 어른 남자의 옷이 눈에 띄지 않는다. 아이는 방안에서만 놀고, 빨래를 개는 일도 아이의 몫이다. 밖에서는 남자아이들이 여자아이에게 주먹질을 해 대고 있다. 장소는 자그마한 연립주택의 앞마당이다. 저녁나절, 귀가하는 사람들로 문밖이 시끌시끌하지만 엄마 발소리는 들리지 않는다. 아이는 엄마를 기다리다가 밤이 되어 고양이와 함께 잠이 든다. 금붕어 자수가 놓인 빨간 양단 이불 밖으로 아이 머리와 고양이 꼬리가 삐져나와 있다. 이불이 커다랗게 부풀어 보이는데, 그건 빨리 어른이 되고 싶은 아이의 마음이기도 하다. 아이는 하루 종일 고양이 따라 하기를 하면서도 고양이가 날 따라 한다고 시치미를 떼지만, 불현듯 생각을 바꾼다. "이제 진짜로 내가 고양이를 따라 해 볼 테야!" 이렇게 결심하면서 아이는 앞으로 한 발짝 크게 걸음을 내딛는다. 몸과 마음을 크게 부풀리고 밖으로 나가 친구들과 어울린다. 그 걸음을 따라 나간 고양이는 이제 아이 곁을 떠나 외롭고 여린 다른 친구를 찾아간다. 앞면지에서 정면을 바라보던 고양이의 눈이 뒷면지에 와서는 친구를 찾느라 여기저기 두리번거리는 눈이 된다.

　이야기의 실마리는 진주가 숨기놀이를 좋아하는 데서 얻었다. 아마 많은 어린이들이 좋아하는 놀이일 게다. 까만 비닐봉지 바깥으로 진주의 분홍색 코가 보이고, 둥실둥실 방바닥을 돌아다니는 신문지 밑에 진주의 뒷발이 보인다. 새로 개켜 놓은 보송보송한 빨래 더미 밖으로 엉덩이는 다 내놓은 채 머리만 들이밀고 숨거나, 갓 벗어 놓아 따뜻한 만희의 점퍼 소매 속에 털모자를 둘러쓴 아가씨처럼 들어가 앉아 있거나, 어느새 컴퓨터 자판 받침대 뒤로 돌아가 내 손동작에 맞추어 쑥쑥 발길질을 하기도 한다. 진주는 쥐도 새도 모르게 옷장 속, 소파 밑, 냉장고 위 어디든지 들어가고 올라갔다. 그리고는 저기 숨었다가 여기 숨었다가, 순간 이동을 한다. 그런 모습이 얼마나 귀엽던지, 나도 고양이가 되어 진주를 따라 네 발로 계단을 뛰어다녔다. 숨을 곳이 많은 위층 내 작업실에 진주가 숨어 버리면 반나절 동안 못 찾기도 했다. 혹시 현관문이 열린 사이에 나간 건 아닐까 걱정이 되어 큰소리로 "진주야, 진주야!" 불러 보지만, 그럴

화선지에 먹, 2005.

수록 더 꼭꼭 숨어 있곤 했다. 그런 진주는 어린 시절 옷장 속에 숨어 엄마가 부르며 찾아오기를 기다리던 내 모습과 닮았다. 엄마가 옷장 쪽으로 다가오는 소리가 들리면 가슴이 콩닥거리면서도 웃음이 나왔었는데, 진주 눈가에 장난기가 도는 걸 보면 분명 그렇다.

 진주와 살면서 경험했던 이야기들을 그림책으로 만들어 보면 어떨까 가끔 상상했지만, '그래서 어쨌다는 거야?'라는 질문에 다다르면 막막했다. 그러다가 진주가 세 살 즈음이던 어느 날 버스 안에서 문득 실마리가 떠올랐다. 진주는 낯설거나 무서운 것이 갑자기 나타나면 온몸의 털을 쭈뼛 세워서 자기 몸을 부풀린다. 등의 털도 빳빳이 세우고 꼬리의 털도 두 배로 두툼하게 부풀려서 몸을 크게 만들고는 상대를 위협한다. 이때 상대방이 움직이면 옆걸음으로 따라 움직이는데 이것은 상대에게 계속 자신의 몸을 크게 보이도록 하는 행동이다. 이 모습은 마냥 소극적이기만 하던 여자아이가 고양이처럼 몸과 마음을 크게 부풀리고 자신을 지키는 이야기로, 이후 바깥세상으로 마음을 열어젖히는 이야기로 자연스럽게 이어졌다.

 화선지를 펴놓고 붓으로 생각나는 대로 장면을 그

리고, 그 아래 간단하게 글을 적어 더미북을 만들기 시작했다. 그림과 글이 동시에 머릿속을 휘감으면서 한순간에 이야기와 형상이 쏟아져 나왔다. 그림 속 고양이는 여자아이와 친구니까 여자아이와 같은 크기로 그렸다. 마지막 장면에 이르면 고양이는 털을 부풀리고 여자아이는 마음을 크게 부풀리며 같이 밖으로 나간다. 거기서는 엄마나 교사와 같은 어른이 나와서 도움을 주지 않는다. 여자아이는 고양이와 지내다가 고양이에게 자신을 비추어 보고, 스스로 깨치고 결단하여 밖으로 나선다.

책을 다 읽고 뒷표지를 보면 질문이 하나 적혀 있다. "내가 고양이를 따라 한 걸까? 고양이가 날 따라 한 걸까?" 여자아이의 생각이 변해 가는 과정을 독자들이 짚어 볼 수 있으면 좋겠다 싶어 적었다. 책을 읽으며 혹시 알아챘을까 궁금해서 어린이들에게 물어 본 적도 있다. "둘 다요.. 서로요." 이런 대답이 가장 많고, 가끔 "여자아이가 따라 했어요"라고 답하는 경우도 있다. "표지에서부터 고양이와 여자아이는 항상 같이 있었는데 마지막 장면에는 고양이가 혼자 있어요. 왜 그럴까요?" 이 질문에도 대답은 여러 가지다. "고양이가 아이와 숨기 놀이 하는 중이에요." "여자아이가 학교에 갔어요." "고양이가 집을 나왔어요." 물론 나는 이렇게 말해 준다. "정답은 없어요. 여러분이 생각한 것이 답이에요." 어린이들이 내 의도대로 읽지 않더라도 상관없다. 그림책은 독자의 해석으로 완성되는 것이기 때문이다.

생명의
심지

그림을 그리다 보면 작가는 그림책 속 주인공의 감정에 깊이 빠져들게 된다. 여자아이가 당당하게 밖으로 나와 주먹을 쥐고 자기를 놀려대던 아이들에게 맞서는 장면에서는 분홍색 꽃무늬 치마 때문에 나약해 보이지 않도록 운동화를 신은 모습으로 그렸다. 마음을 부풀리는 장면은 머리카락과 치마를 치켜올려 기운이 뻗치는 것처럼 표현했다. 이 장면을 그릴 때 나는 아주 통쾌했다. 여자아이가 그 모습으로 밖으로 나설 때, 나도 주먹을 쥐고 세상으로 나왔다. 마음 한쪽에 단단하게 엉겨 붙었던 복수의 감정 덩어리가 터져 밖으로 날아가 버리는 것 같았다. 어릴 적 어두운 기억에 휘둘려 비실대고 무너져 내릴 때마다 어딘가에서, "그것 봐, 네가 잘난 줄 알지만 결국 내 손아귀에서 벗어나기 어려울걸!" 하던 조롱 섞인 환청도 사라지는 듯했다.

나는 참 잘 웃는다. 지금도 웃는 모습이 제일 예쁘다는 말을 자주 듣는다. 돌아보면 잘 웃기 시작한 것은 미술운동단체 '우리그림'에서 사무국장으로 일할 때부터였다. 많은 사람을 대해야 하니, 늘 밝은 모습이어야 했다. 웃음은 망가진 내면을 숨기기에도 좋은 방법이었다. 이유 없이 웃다 보면 실제로 기분이 좋아지기도 했다. 그렇다고 날카롭게 갈라진 내 내면이 근본적으로 봉합된 것은 아니어서, 때때로 그 깊은 낭떠러지로 눈길이 갈 때마다 절망감으로 비참해졌다. 그러고 나면 정신이 뒤죽박죽되고, 스스로를 학대하듯 힘에 버거운 일에 빠져들기도 했다. 여성을 무시하는 말, 남성의 권위를 과시하는 행동, 아주 사소한 폭력에도 그 상대가 친구이든 남편이든 제어할 수 없을 정도로 분노가 폭발해 버렸다. 그런 내가 누군가에게는 지독하게 무례하고 모진 인간으로 비쳤을 테고, 다른 누군가에게는 자기주장이 분명한 투사로 보였을 게다.

내 내면의 이런 간극은 그림책을 한 권, 한 권 만들면서 조금씩 좁혀졌다. 새 책에 들어갈 이것저것을 고

"고양이처럼 몸을 크게 부풀리는 거야. 마음도 크게 부풀리고."
『고양이는 나만 따라해』의 더미북 5,
원화 밑그림, 화선지에 먹, 2005.

민하며 주인공과 한두 해를 살다 보면, 주인공 내면 깊숙이에 있는 또 다른 생명의 심지와 만난다. 그들과 대화하며 길어 올리는 이야기는 그림책의 내용이 되면서 동시에 나의 성장 스토리가 되기도 한다.『고양이는 나만 따라 해』를 만들 때의 경험이 그렇다. 위협에 직면하면 온몸을 부풀리는 고양이처럼, 아무리 하찮은 생명일지라도 자신을 지키고 키워가는 힘을 내부에 가지고 있다. 잘 먹고 잠 잘 자면 매일 세포가 바뀌며 몸이 새로워지듯, 마음과 몸의 상처도 스스로 치유해 가는 힘이 우리 안에 있다. 이런 믿음은『고양이는 나만 따라 해』에서 시작해『꽃할머니』를 거치고『피카이아』로 옮겨 가면서 더 확실해졌다.

강연장에서 만나는 독자들 가운데는 내게 매번 이렇게 힘든 주제를 어떻게 해내느냐고 묻는 분들이 계시다. 대부분 칭찬이기에 들을 때마다 감사하다는 말 외에는 충분한 대답을 하지 못한다. 그런데 사실 그런 주제를 끌어가는 힘의 원천은 나의 간절함 외에 다른 것은 없다. 달리 말하면, 이 사회에서 나가떨어지지 않겠다는 절박함이 내게 있었다. 50년 가까운 세월을 버티면서 내가 세상에 나올 때부터 갖고 있었던 생명의 심지를 발견하고, 쉽게 휘청거리거나 꺾이지 않도록 애쓴 과정이었다. 내게 찾아와 손을 이끌어 주고 커다란 선물을 남기고 떠난 내 친구 진주에게 감사한다.

불화
공부

2005년 4월부터 꼬박 1년간 불화 공부를 했다. 불화를 제대로 배워 보자고 두 친구와 함께 안양에 위치한 관악산 불성사의 홍대봉 스님을 찾아갔다. 스님은 1987년 안양에서 미술운동을 할 때 '우리그림'의 회장을 맡으셨던 분으로, 당시 안양 시내 포교당에서 법회도 하고 불화도 그리셨다. 우리는 일주일에 한 번씩 법당에 모여 스님이 그려 주신 초본을 대고 선 연습, 채색 연습을 했다. 한지에 아교로, 삼베에 한천♦으로, 옥양목에 풀로 포수♦♦를 하고, 재료를 바꿔가면서 사용법을 익히고 채색을 해 나갔다. 불화의 재료와 채색법은 조선시대 민화의

♦   우뭇가사리를 끓인 다음 식혀서 만든 끈끈한 물질로 식용 또는 공업용으로 쓴다. '우무'라고도 한다.
♦♦ 헝겊과 종이 등에 붓으로 아교를 고르게 바르는 일.

그것과 크게 다르지 않았다. 종이와 비단의 종류, 배접할 때 풀의 농도, 아교의 농도, 포수의 방법, 백반 사용법 등을 제대로 익혀 두면 응용해 새로운 표현을 만들어 갈 수도 있었다.

우리는 한 번씩 재료를 익힌 후에 비단에 직접 고려 불화를 따라 그리기로 했다. 고려 불화 도판이 실린 커다란 화집과 비단도 사고, 비단을 맬 나무 틀도 맞추었다. 스님은 주로 올이 촘촘한 옥양목 뒤에 한지를 여러 겹 배접하고 가루물감을 아교에 개어 그리셨기 때문에 비단을 틀에 매어 그리는 고려 불화 기법에 대해서는 잘 모르셨다. 우리는 고려 불화 기법을 소개하는 논문을 펴놓고 재료 사용법을 다시 스님에게 물어 가면서 석장을 들고 서 있는 〈지장보살도〉를 그렸다. 색은 논문에 나와 있는 대로 주(朱), 녹청(綠靑), 군청(群靑)을 중심으로 칠하고 그 외에 호분, 황토색, 금색, 먹을 사용했다.

비단에 색을 칠하자 신기하고 놀라운 일이 벌어졌다. 색은 뒷면부터 칠한다. 가루물감은 입자가 굵어서 앞면에서 칠하면 면이 거칠어지기 때문이다. 또 가루물감으로 색을 낼 때는 그 방법이 독특하다. 가령 보랏빛을 얻고 싶으면 뒷면에서 엷게 빨간 주색을 칠한 후, 그 위에 엷게 군청을 칠하면 된다. 먹빛을 내고 싶으면 군청을 낸 것 위에 녹청을 덧칠하면 된다. 보라색을 접시에서 미리 만들어 칠하는 것이 아니라 비단에 차례로 색을 올려 보랏빛을 만드는 것이다. 결국 녹청은 노랑과 파랑이 섞인 색이니 주, 녹청, 군청을 겹쳐 칠하면서 다양한 색을 만들어 낼 수 있다. 이는 인쇄 원리와도 닮았다. 보통 4도 인쇄는 빨강, 노랑, 파랑, 먹색 잉크를 써서 모든 색을 재현하기 때문이다. 처음에는 논문에 쓰여진 대로 따라 하면서도 색을 겹쳐 칠하는 것이 어떤 효과를 낳을지 상상하지 못했는데, 실제로 해 보면서 나타나는 놀라운 변화에 우리는 흥분했다. "당시에 화공들은 이런 채색법을 어떻게 발견했을까? 이 방법이 고려 불화의 신비로운 색감을 만들어 낸 것이구나!"

지장보살의 얼굴색은 비단 뒷면에 흰색을 칠하고 앞면에 아주 엷은 주색과 엷은 황토색 물을 올려 만든다. 붓질을 어디서 시작하느냐에 따라 부분 부분 미세하게 농도가 달라지니, 색을 접시에 미리 만들어 놓고 칠하는 것보다 훨씬 더 여러 결의 색감을 얻게 된다. 옷자락의 반사면을 표현할 때는 흰색 선을 긋고 그 위에 다시 금색 선을 긋는다. 불화를 직접 그려 본 후에 다시 도판을 보면 놀라움에 입이 벌어지곤 했다. 어떻게 이렇게 흔들림 없는 아름다운 선을 그었을까? 아미타불 옷자락의 연꽃 문양은 조금 떨어져서 보면 엷게 금색 칠을 한 것으로 보이지만, 자세히 들여다보면 꽃 잎맥을 1mm 간격의 금색 선이었다. 문양도 흐트러지지 않고 선도 자연스럽게 살아 있다. 이런 그림이 법당에 걸리고 은은하게 빛을 받으면 사람들은 부처님 앞에 마음을 내어놓고 소원을 빌었을 것이다. 따라 그리기 경험은 고려 불화의 신비감을 몸소 느껴 보기에 더없이 소중한 기회였다.

나는 불화를 배우면서 『고양이는 나만 따라 해』를 그렸다. 그러다 보니 이 책에는 불화의 기법이 자연스럽게 녹아들었다. 주인공의 옷을 명암 없이 가루물감을 사용해 밝은색 문양으로 그렸고, 사물들을 구분할 때도 검은 그림자로 명암을 표현하기보다는 불화에서 배운 대로 밝은색의 농도만으로 명암을 해결했다. 이런 표현법 때문에, 애잔함이 묻어 있는 스토리와 달리 그림만큼은 밝고 화사하게 완성할 수 있었다. 마치 하루 종일 고양이를 따라 하며 시간을 보내면서도 고양이가 날 따라 한다고 시치미 떼는 여자아이의 양면적인 마음을 상징하는 것처럼 느껴지기도 했다. 또 『시리동동 거미동동』에서는 해 보지 못했던 물감 번지기도 시도했다. 화선지만큼 물감이 번지지는 않지만, 풀 포수 위에 묽게 색을 올리면 물감이 번지면서 밑으로 스며들어 번지는 느낌을 얻을 수 있었다. 다만, 색을 여러 번 올리면 풀이 벗겨지면서 얼룩덜룩해지므로 번짐은 한두 번으로 빠르게 처리해야 했다. 어두운 밤을 표현할 때는 먹물을 느낌대로 흠뻑 떨어뜨린 후 서너 시간을 기다려 먹물이 풀을 따라가며 섞이고 번지도록 했다.

새 책을 만들 때마다 그에 맞는 채색법을 새로 공부해야 하니 책 한 권을 완성하는 데 걸리는 시간이 제법 길 수밖에 없다. 나는 지금도 재료를 완전히 장악하지 못하고 있고, 상상한 대로 표현하는 재주도 턱없이 부족하다. 매번, 진력날 만큼 했으니 누가 뭐래도 더 이상 못하겠다는 심정이 들면, 그만 붓을 내려놓고 화판에서 떼어 출판사로 보낸다. 그때마다 '이번에 못다 한 것은 다음 책에서!' 그렇게 스스로 위안을 하곤 한다.

6

매일의
일터

사람,
일, 도구

내 방을 둘러보면 책장 위에, 서랍 속에, 옷장 속에 물건이 가득하다. 방문을 열고 나가면 부엌 찬장에도, 신발장에도, 사물함에도, 공구함에도 물건들이 빼곡하다. 대문을 열고 나가면 옆집에, 식료품점에, 세탁소에, 미장원에, 식당에, 철물점에, 문방구에도 물건들이 넘쳐난다. 참 놀랍다. 이 많은 물건을 누가 어떻게 다 만들었을까?

　사람들은 오래전부터 도구와 기계를 만들고, 그것을 익혀서 또 다른 무언가를 만들었다. 그러면서 도구와 기계는 단순히 많아졌을 뿐 아니라, 더 편리하고 효

율적인 쪽으로 개량되어 왔다. 도구 하나하나를 들여다 보면 어느 하나 허튼 것이 없다. 재단 가위의 손잡이는 사람 손과 접촉면이 넓어지도록 모양이 둥글게 굽어 있어서 적은 힘으로도 두꺼운 천을 자르는 데 어려움이 없다. 두 가위 날이 동그란 나사 축을 중심으로 자유자재로 입을 벌렸다 다물고, 다물 때마다 두 날이 정교하게 맞물리는 것을 보고 있으면 감탄이 저절로 나온다. 도구는 기능이 정교할수록 그 모양도 아름답다.

2006년 부암동으로 이사를 했다. 언덕 너머로 맑은 물이 흐르는 골짜기가 있고, 그 한 켠에 작은 과수원과 농장까지 있는 동네였다. 서울 한복판에 이런 데가 남아 있다니! 나는 수시로, 그 골짜기뿐 아니라 동네 여기저기를 산책하곤 했다. 목공소, 미장원, 방앗간, 철물점, 집수리점, 양장점, 항아리 가게 같은 곳들이 이 골목 저 골목에 숨어 있었다. 어느 날 떡을 맞추려고 방앗간 문을 열고 들어가 보았다. 주인 할머니께서 제법 육중하고 복잡한 낡은 떡방아 기계를 능숙하게 다루고 계셨다. 그 모습을 한참 지켜보다가 1990년, 30여 년 전의 옛일을 떠올렸다. 안양의 전자부품 공장 여성 노동자를 대상으로 그림 수업을 하던 때였다. 그들에게 각자의 일터를 그려 보자고 했더니, 복잡한 기계와 생산 라인의 이모저모를 나름대로 재미있게 담아냈다. 그곳에 친숙한 사람만이 그릴 수 있는 그림이었다. 방앗간 기계 앞에서 갑자기, 나도 그런 그림을 그리고 싶다는 마음이 일었다.

막상 작업을 시작하려니 먼저 이것저것 생각을 가다듬어야 했다. 기계를 그린다고? 기계보다 일터가 중심이어야 하지 않을까? 어느 일터를 고르고, 배열 순서는 어떻게 하지? 동네는 내가 사는 부암동이면 좋겠고, 실제로 다니던 동네 마실을 바탕으로 삼으면 더 좋겠지? 거기에 우리 주변에서 쉽게 접할 수 있는 일터로 마을마다 있었고, 지금도 필요하며, 앞으로도 쉽게 사라지지 않을 곳들을 찾아 배치하면 좋겠다 싶었다. 그래서 의식주를 기준으로 '의상실', '신발 공장', '농장', '요리점', '목공소'를 우선 정하고 '병원'과 '화실'을 추가했다.

곧바로 취재와 스케치를 시작했는데, 정작 중요한 문제는 따로 있었다. 내가 일터와 도구들을 통해 보여 주고자 하는 것은 무엇인가? 다시 말해 그림책의 주제 문제였다. 사람들은 매일 매일 몸을 쓰고 정신을 쏟아 가며 무언가를 만들고, 그것을 통해 가족뿐 아니라 가깝고 먼 이웃들과 함께 살아간다. 노동은 삶의 수단을 넘어 어쩌면 삶 그 자체일지 모른다. 새 책은 무엇보다 어린이들이 노동에 친숙해지고 노동을 존중하는 태도를 길러가는 데 도움이 돼야 했다.

해결의 실마리를 얻은 것은 의상실에 취재하러 갔을 때였다. 재단사는 옷의 패턴을 천 위에 대고 초크로 선을 그린 후 가위로 재단을 했다. 머리를 길게 늘어뜨리고 허리를 깊이 숙여 그 일에 몰두하는데, 가위를 쥔 손과 팔의 움직임이 무척 아름다웠다. 섬세한 작업을 할 때는 몸을 좌우로 틀고 가위를 곤추세웠다 눕혔다 하면서 각도를 만들어 갔다. 천이 밀리지 않도록 누르고 있는 다섯 손가락 각각의 모습도 그렇게 매력적일 수 없었다. '이런 거구나! 아름다움을 그려 내야 하는 거구나!' 오랫동안 일하며 몸에 붙은 숙달된 동작은 정교한 도구가 그렇듯이 하나하나 아름다웠다. 노동은 아름다운 것이다.

꼬박 두 해 동안 일터를 찾아다니며 일하는 사람들과 일에 쓰는 도구들을 참 많이도 만났다. 취재를 가는 곳마다 처음에는 계신 분들이 사진을 찍지 말라고 손사래를 치셨다. 초라하고 너저분한 일터 풍경을 남에게 보여주고 싶지 않다고 하셨다. 하지만 사정사정해서 간신

『일과 도구』의 더미북 3,
원화 밑그림의 부분, 미농지에 연필, 2007.

히 허락을 얻고, 찍어 온 사진을 바탕으로 밑그림을 그려서 가져가 보여 드리면, "여기가 이렇게 근사하냐!" 하면서 웃으셨다. "실제로 이렇게 근사했으면 좋겠다"라고도 하셨다. 어쩌면 내 그림은 그들의 바람까지 담고 있는 것인지 모른다. 나는 농부가 더 이상 한해 농사지은 배추를 못 팔아 갈아엎지 않아도 되고, 수십 년 일해 온 목공과 구두 공장 직공이 무엇보다 자신의 일을 자랑스러워하고, 동네병원 의사가 기계 돌리듯 3분에 한 명씩 환자를 돌보지 않아도 되고, 정성 들여 만든 옷이 재고 진열대에 쌓여 덤핑으로 팔려 나가는 일이 없는 세상, 일하는 사람들이 모두 행복하고 존경받는 세상이 되기를 바라며 한 장 한 장 그렸다. 그래서 『일과 도구』(길벗어린이, 2008)는 사실적이지만 충분히 현실적이지는 않다.

취재를 다녀온 후 무엇보다 머릿속에 진하게 남았던 잔영은 사람들이다. 수십 년 일하며 살아온 자신의 삶을 있는 그대로 인정하기 어려운 사람들, 누추한 작업장과 고된 노동, 그로 인해 간혹 남이 끼치는 아주 사소한 성가심도 참아 내지 못할 만큼 여유가 없어 보이는 사람들. 그런가 하면 자기 몸에 밴 기술과 스스로 만들어 낸 물건을 자랑스러워하고, 그래서 일의 기쁨을 누구보다도 잘 누리고 있는 것 같은 사람들. 그림을 붙잡고 있던 몇 년간 그들의 모습이 늘 눈에 선했다.

누군가의 일터를
들여다보기까지

구두 공장

케이크와 오렌지주스를 양손에 들고 2층 계단을 올라갔다. 간이 공장들이 여럿 있는 성수동 골목 허름한 건물 2층에 구두 공장이 있었다. 공장이라기보다는 '작업장'에 가깝다. 작업장 입구에는 사장님이 직접 구두를 디자인하는 책상과 영업 및 납품을 담당하는 직원의 책상이 있었다. 왼쪽 방에는 긴 두루마리의 색색 가죽 원단이 놓여 있다. 원단을 골라 틀을 대고 정해진 모양대로 찍어 내고 자른다. 그 옆에서는 재단한 원단을 재봉틀로 박고 있고, 또 그 옆 작업대에서는 구두골에 가죽을 앉히고 집게로 당겨 타카로 핀을 박는다. 거기에 굽을 달고 밑창을 붙이면 구두가 완성된다. 각 과정마다 한두 명, 혹은 서너 명씩 함께 일한다. 사장님과 작업 반장님의 안내로 생전 처음 보는 그 낯선 공간을 훑어 내 듯이 사진을 찍어 나갔다. 공간을 기억해 낼 자신이 없을 때는 이렇게 차례대로 쭉 이어서 사진을 찍는 수밖에 없다. 집에 돌아와 사진을 프린트하고 이어 붙이면서 공간을 기억해 낸다. 열심히 따라다니며 사진을 찍는데 한 분이 찍지 말라며 불쾌한 표정을 지었다. 나는 사과하고, 사람은 안 찍고 도구들만 찍겠다며 양해를 구했다. 일하는 사람의 모습을 찍고 싶었지만 어쩔 수 없는 노릇이었다. 열악한 작업환경 속에서 일하는 자신의 모습을 내보이기 싫어하는 것이라고 여겼다. 작업환경이 좋은 번듯한 큰 공장으로 가지 왜 이런 곳을 찾아왔냐고 난감해하시던 사장님 얼굴이 떠올랐다.

 어렵사리 도구 사진을 찍어 왔지만, 막상 그리려고 보면 어느 도구가 어떻게 쓰이는지 알 수가 없었다. 몇 달 후, 결국 다시 주스를 사들고 방긋방긋 웃으며 구두 공장에 찾아갔다. 입구에 들어서자마자 모두 꺼려하며 왜 또 찍느냐고 항의하듯 물었다. 미리 준비해 간 스케치를 보여 드리면서 도구 이름도 묻고, 어떻게 쓰는지도 묻고……. 그러자 내가 관심을 갖는 게 신기했는지 조금은 마음이 풀어지는 듯했다. 무엇에 쓰려고 하느냐고,

도구에 대해 알아서 뭐 하느냐고 묻기도 했다. "어린이들은 마트에 가서 돈만 주면 얼마든지 구두를 살 수 있다고 생각하지요. 그런데 알고 보면 그것들 모두 누군가 정성을 쏟아 만든 것입니다. 그 일하는 과정과 도구들을 어린이들에게 보여 주려고 합니다." 나는 이렇게 대답했다. 그제야 꼭꼭 닫고 있던 그분들의 마음이 열리기 시작하는 게 보였다. 스스로 창피하고 보잘것없다고 여기던 것을 누군가 다른 사람이, 그것도 어린이들이 의미 있는 일이라고 인정해 줄 수 있다는 점에 마음이 풀렸는지 모른다. 그날 30분만 취재하겠다고 허락을 받아 놓고서는 5시간을 눌러앉아 작업 과정을 구경했다. 나중에는 아저씨들이 작업공정을 미리 시연해 보이면서 사진 찍는 것을 도와주기도 하셨다.

하루 종일 철제 책상에 앉아 똑같은 일을 반복하는 모습을 한참 보고 있으면 작업대와 도구와 사람이 한 덩어리가 되어 마치 거대한 기계가 움직이는 것 같다. 바쁜 몸놀림, 손놀림에는 자부심과 쓸쓸함이 함께 묻어 있었다. 어린이들은 구두 공장 그림을 보면서 그들을 예쁜 신발을 만드는 대단한 사람이라고 말한다. 그러나 2006년 성수동에 있던 그 구두 공장은 그림책에서처럼 근사하지도, 백화점에 진열된 구두만큼 반짝이지도 않았다. 나는 그 광경을 밝고 유쾌한 것으로 조금은 과장해서 그렸다. 그들을 포함하여 일하는 사람들이 모두 존경받고 행복해지는 꿈을 담으려고 했다. 그래서 『일과 도구』에서 가장 멋진 인물은 구두 공장에서 일하는 청년이다. 망치를 든 그는 넓은 어깨와 커다란 손을 가졌고, 휴식 시간에는 기타를 치는 낭만적인 인물이다.

중국요리집

'맛있는 요리' 하면 떠오르는 곳이 바로 중국집이다. 초등학교 졸업식이 끝나고 중국집에서 탕수육과 자장면을 먹던 그 특별한 기억은 나만 가지고 있지 않을 테다. 거북이 요리부터 아이스크림 튀김까지 별별 것이 다 있다는 중국집, 그런 걸 만드는 중국집 주방은 상상 속의 신비한 공간이었다.

서울 연희동에는 멋진 중국집들이 많다. 몇 집에 들어가 취지를 설명하고 주방을 취재하고 싶다고 이야기를 꺼냈다. 카운터의 점원이 아무 표정 없이 곧바로 고개를 저으며 안 된다고 했다. 두 번 다시 말을 꺼내기 민망할 정도였다. 여자가 주방에 들어가면 재수 없다고 거절하는 집도 있었다. 그렇게 돌아서서 나올 때마다 그 매정함에 눈물이 핑 돌았다. 결국 연희동에서 취재할 곳 찾기를 포기하고, 몇 사람 건너 소개로 50년 된 수원의 중국집 한 곳을 찾아갔다. 복잡한 시간을 피해 3시쯤 오라는 소리를 들었던 터라 시간을 맞추어 조심스럽게 문을 열고 들어섰다. 내가 원했던 아담한 규모의 소박한 중국집이었다. 주방장이 친절하지는 않았다. 사장이 허락한 일이라 마지못해 참아 넘기는 분위기였다. 그래도 나는 꼼꼼하고 자세한 사진이 필요했다. 한 벽면을 위, 중간, 아래로 나누어 자세히 찍어 나가자 주방장이 버럭 화를 냈다. 멀리서 몇 장 찍는 줄 알았지, 이렇게 가까이서 많이 찍는 줄 알았으면 허락하지 않았을 거라고 했다. 바닥 타일까지 찍어 대는 걸 보면서 무척 기분이 상했나 보다. 핀잔을 들으면서도 난 카메라를 거두지 않았다. 여기서 포기하면 중국집 주방을 끝내 책에 담을 수 없을 것 같았기 때문이다. 죄송하다고 몇 번이나 머리를 조아리며 필요한 장면들을 끝까지 찍었다. 이 사진이 어떻게 쓰일 것인지 다시 한번 설명하고 그림을 그려서 다시 찾아오겠다고 거듭 양해를 구했다. 주방장은 막무가내로 화를 내며 다시는 오지 말란다. 카메라를 빼앗지 않은 것만도 다행이라는 생각이 들었다. 주문한 탕수육을 포장해 싸들고 죄송하다고, 고맙다고 연신 굽신거리며 그곳을 나왔다.

돌아와서 사진을 정리해 보니 그것만으로는 부족했다. 그래서 생각해 낸 방법이 우리 동네 중국집 한 곳에 단골이 되는 것이었다. 외식할 일만 생기면 그곳에 가서 음식을 주문하며 지배인과 종업원들을 사귀었다. 몇 개월을 공들인 끝에, 이번에도 사람이 뜸한 3시경에 식구 모두 가서 요리를 시키며, 조리 과정을 찍게 해 달라고 부탁을 드렸고, 드디어 허락을 받았다.

부글거리며 거품을 내는 국수 삶는 솥, 커다란 냄비에서 뭉근히 끓고 있는 육수 국물과 진귀한 재료들, 커다란 검정색 프라이팬 너머로 넘실거리는 붉고 푸른 불꽃, 프라이팬 가장자리로 탁탁 튀는 별 불꽃……. 흰 가운을 입은 요리사가 프라이팬을 앞뒤로 흔들며 튕겨 주면 색색의 재료들이 공중 뛰기를 하는 모습도 신기했다. 착착 뜨거운 기름과 물기가 섞이는 요란한 소리, 훅훅 열기와 함께 코에 풍기는 맛있는 냄새……. 내가 상상했던 대로 중국집 주방은 황홀했다. 요리사가 일하는 모습은 멋졌다. 나는 이런 것들을 글과 그림에 담았다.

그때 사진을 찍고 그림을 그리는 것이 내게는 중요한 일이었지만 일하는 그분들께는 당연히 그렇지 않았다. 무턱대고 찾아가 사진을 찍겠다고 졸라댔으니, 그들에게는 적지 않게 난감한 일이었을 게다. 그때의 취재 경험은, 각자의 관심이나 이해관계를 넘어 서로 소통하는 일이 결코 쉽지 않은 것임을 새삼 깨닫게 해 주었다.

목공소 아저씨와
의사 선생님

목공소
"고양이가 여러분을 목공소 안으로 안내합니다. 빨간색이 여러분의 시선을 이리저리 옮기도록 도와줄 거예요. 오후 4시를 알리는 시계를 찾으셨나요? 장도리, 대패, 크램프, 버니어 캘리퍼스, 블레이드도 찾으셨나요? 저기 목공소 아저씨가 보입니다. 원형톱날과 스패너가 허공에 매달려 있는 것이 꿈의 공간처럼 보이지는 않나요?"

일주일 동안 나는 아침 9시에 목공소로 출근해 저

녁 6시에 퇴근했다. 목공소 아저씨가 한옥 문짝 30개를 짜서 납품하는 주문을 받으셨다. 문짝 짜는 전체 과정을 보려면 일주일이 걸린단다. 거친 목재를 고르게 다듬은 후 문틀을 만들고, 문살을 만들고, 네 귀를 딱 맞추어 문짝을 완성하기까지, 어떤 도구와 기계를 어떻게 사용하는지 알아야 그림을 그릴 수 있다. 목공소의 그 많은 도구와 기계 하나하나는 어디에 쓰는지, 아저씨는 하루 종일 어떤 동작을 반복하는지 알아야 했다.

목공소 아저씨의 손은 생각만큼 크지 않았다. 뭉뚝하고 거칠고 손가락 마디마디에 옹이가 박혀 있었다. 다부진 몸매에 50세가 넘어 보이는데 열네 살부터 목공일을 배우셨단다. 어릴 때 커다란 공장에서 3년 동안 먹고 자면서 청소와 심부름만 하다가, 이러다가는 세월만 보내겠다 싶어서 밤마다 혼자 가구를 만들어 보았다. 낮에는 만져 볼 수도 없는 기계들을 눈으로만 봐 두었다가 밤잠 설쳐가면서 사용법을 익혔다. 눈썰미로 익힌 실력이 점차 늘어 공장 주인집의 안방 문을 멋지게 짜주고, 주인집 아가씨 화장대도 만들어 주면서 인정을 받고 월급도 올려 받았다. 공책을 가지고 다니면서 멋진 문짝이 눈에 띌 때마다 그려 놓았다가 응용하고 연구했다. 차

차 주문이 늘어나서 공무원 월급이 8,000원 하던 때에 3만 원을 받기도 했다니 보통 솜씨가 아니셨나 보다. 젊을 때는 일이 재미있어서 일에 미쳐 살았다고 하셨다.

아저씨는 몸놀림이 날렵하고 손도 빠르다. 어떤 도구나 기계도 손에 척척 붙어 다닌다. 목재가 곧게 펴졌는지 눈을 반쯤 감고 한쪽 손으로 돌려가면서 나무 각을 재는 모습, 스패너를 잽싸게 돌려가며 전기톱 톱날을 갈아 끼우는 모습, 돌아가는 전기 대패에 나무를 천천히 밀어 넣었다가 빼냈다 하는 모습, 그 두툼하고 옹이 박힌 손이 공중에서 느릿느릿 또는 재빠르게 휘휘 돌고, 빠른 발걸음으로 작업 공간 여기저기를 가로지르며 휘젓는 모습은 멋진 춤사위를 보는 것 같다. 하루 일을 마칠 즈음이면 돌돌 말린 대패밥과 고운 톱가루가 작업장 한편에 수북이 쌓이고, 결이 거친 목재는 분홍색 뽀얀 속살을 드러내면서 다른 한편에 나란히 세워진다. 나무 냄새 가득한 그 안에 앉아서 생각했다. '이렇게 만들어지는 문짝이 집을 일으켜 세우고, 그 문으로 사람들과 온갖 정이 드나들겠지.'

가정의학과 병원

"고양이가 여러분을 병원으로 안내합니다. 낮 12시 풍경입니다. 시간을 알리는 시계를 찾으셨나요? 어릴 때부터 병원을 다녔지만 한 번도 치료기구를 자세히 본 적은 없지요. 의사 선생님이 어떤 도구를 집어 들까 눈을 두리번거리다가도 막상 치료가 시작되면 눈을 꽉 감아 버리니까요. 청진기에서는 무슨 소리가 날까요? 수술용 가위, 칼, 핀셋들도 쓰임에 따라 서로 다른 모양을 하고 있어요. 자세히 살펴볼수록 어떻게 그런 모양을 갖게 됐는지 신기합니다."

병원 진찰대 모퉁이에 서서 디지털카메라로 잘못 찍은 사진들을 지우고 있었을 때였다. 긴 머리의 남자가 여자아이를 안고 다급히 뛰어와, 내 옆 진찰대 위로 털썩 내려놓았다. 마른 몸에 허름한 옷차림의 아이 아빠에게서 찌든 냄새가 확 풍겼다. 서너 살 되어 보이는 여자아이는 두 팔과 다리를 벌리고 고개를 오른쪽으로 돌린 채 경련을 일으키고 있었다. 간호사들이 들어와 한 사람은 귀에 온도계를 넣어 열을 재고, 다른 한 사람은 설압자로 아이의 혀를 눌렀다. 아이 몸이 파래진다. 가슴부터 배에 푸른 핏줄이 올라오는가 싶더니 점점 더 새파래진다. 의사가 다가와 갑자기 두 손으로 아이를 받쳐 들고 옆방 응급실로 뛰어갔다. '아이를 살려 달라'는 아이 아빠의 목소리는 알아듣기 힘들 정도로 작게 떨리며 중얼거리듯 입 밖으로 새어 나왔고, 그의 퀭한 눈에는 간절함이 진하게 뿜어져 나왔다. 그때 안쪽에서 아이가 토하는 소리가 난다. 연거푸 등 두드리는 소리도 난다. 드디어 아이 울음소리가 들렸다. 살아났구나! 옆방으로 가 보니 간호사가 산소호흡기를 아이의 입에 대고 있었다. 나는 조심스럽게 카메라 셔터를 눌렀다. 여자아이는 불균형하게 마른 몸에 신경질적인 얼굴이다. 이 아이도 해맑게 웃어 본 적이 있을까? 아이가 어느 정도 회복이 되자 아빠가 아이를 안고 진찰 의자에 앉았다. 기운이 모두 빠져나간 허깨비가 진찰 의자에 들러붙어 있는 것 같았다.

아이와 아빠가 나가고, 다음 환자로 갓난아이가 할머니 품에 안겨 들어왔다. 할머니는 곱고 푹신해 보이는 이불에 폭 쌓인 아이를 방금 전 그 여자아이가 누웠던 진찰대 위에 살며시 내려놓았다. 뒤따라 들어온 아이 엄마가 이불을 한 겹씩 들추자 아이는 작고 하얀 손을 허

작은 곰인형이 달린 청진기와 의사 선생님.
미농지에 먹, 2007.

공에 대고 꼼지락거리며 붉은 입술을 오물거렸다. 다르다. 모든 것이 다르다. 아마도 태어날 때부터 아까 그 여자아이와 여러 면에서 달랐을 것 같다. 아이의 윤기 나고 통통한 분홍빛 다리 살갗 위에 올려진 흰 약솜이 잘 어울린다. 의사가 주사 바늘을 다리에서 빼내며 왼손의 엄지와 검지로 그 분홍빛 살결을 옴죽옴죽 주물러 피가 돌게 한다. 우는 모습조차도 얼마나 예쁜지. 할머니와 엄마는 만족스러운 눈으로 아이를 내려다본다.

의사는 가난한 어린이든 부잣집 어린이든 생명을 다루는 데 평등하다. 취재에 응해 준 선배는 의사로서 그렇게 환자를 대했다. 같이 점심을 먹으면서 선배가 내게 "의사 일 할 수 있을 것 같으냐?"고 묻길래, 난 그냥 그림이나 그리겠다고 대답했다. 작가는 사람의 생명을 직접 다루지 않는다. 대신 사람들의 삶과 꿈을 다룬다. 의사가 환자를 돌보는 일만큼은 아니더라도, 그림책을 그리는 내 일이 사람들에게 조금이라도 도움이 되었으면 좋겠다고 생각했다.

풍작과 흉작
사이

나에게 그림 그리는 일은 농사짓는 일과 비슷하다. 쟁기질을 하고 호미질을 하고 써레질을 하는 것처럼, 그림 그리는 일 역시 도구와 재료가 손에 익어야만 한다. 붓의 물기를 조절하는 법, 먹물의 농도를 조절하는 법, 아교와 백반의 농도를 조절하는 법을 배우고, 종이마다 먹물과 물감을 빨아들이는 성질을 익히고, 튜브물감, 접시물감, 분채 등 각 물감의 성질과 채색법에 대해서도 하나하나 습득해 간다. 물론 이것들을 모두 익히고 나서도 그림을 그릴 수 있는 것은 아니다. 오히려 그림을 한 장 한 장 그려가면서 이것저것 두서없이 익숙해진다. 농사를 몇 년 지어 보아야 조금이나마 도구와 기계를 다룰 줄 알게 되고, 그러는 동안 농사는 풍작이 되기도 하고 흉작이 되기도 하는 것처럼 그림 그리기도 꼭 그렇다. 그림을 배우는 데는 끝이 없다. 끝없이 배우고 실패하는 중에 '작품'이라 부를 만한 것들이 태어난다.

그림 한 장을 완성하기까지는 만만치 않게 우여곡절을 겪는다. 그림은 내가 익히고 느낀 만큼 그릴 수 있

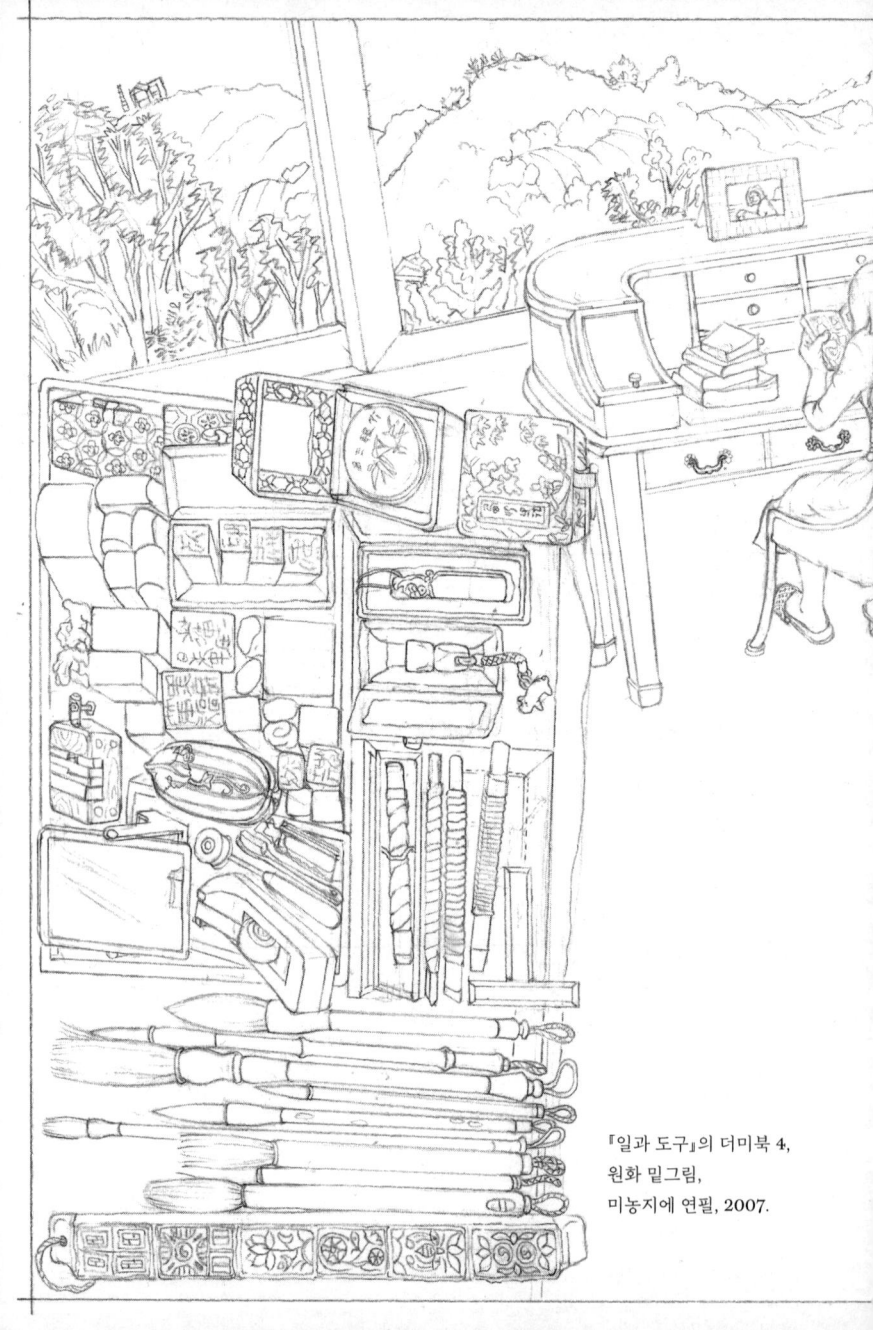

『일과 도구』의 더미북 4,
원화 밑그림,
미농지에 연필, 2007.

고, 내가 애쓴 만큼 표현할 수 있다. 내 능력과 노력을 넘어 기대하면 곧 허영이고 헛붓질이다. 땅에 묻힌 씨앗이 햇볕을 받고 물기를 머금어 싹을 틔우듯 머릿속의 생각도 물과 먹, 붓과 종이, 그리고 내 손놀림을 통해 그림이 된다. 그러면 머릿속의 생각이 싹을 틔우고 키우는 과정은 어떠한가?

처음에 그림책을 구상할 때는 소박한 발상에서 출발한다. 취재와 스케치를 거듭하면서 종종 그 발상이 너무 보잘것없다는 것을 발견하기도 한다. 내가 떠올린 생각이라 해 봐야 특별히 새로울 것 없는, 사람들 사이에 이미 널려 있는 것들에 불과할 수도 있다. 그럼에도 불구하고 중도에 포기하지 않으려면 거듭해서 질문하고 좀 더 깊이 탐색해 가는 과정이 필요하다. 자료도 읽고, 취재도 하고, 다른 사람의 의견도 듣고, 반대로 내 내면으로 깊이 빠져들어 보기도 한다. 보통 그렇게 1년 정도를 지내다 보면, 어느 날 버스를 타고 가거나 길을 걷다가 문득 새로운 생각이 머리를 스친다. 일상이 낯설게 보이고, 내가 있는 공간 너머에서 이야기가 스물스물 피어나 내 머릿속을 차지하고 들어앉는다. 이야기는 현실속의 문제와 결합하여 더 탄탄해지고 형상들도 한 번 더 구체화된다. 그림책을 만들면서 품었던 질문에 결론을 찾게 되면 어느덧 그림책도 완성돼 있다. 책이 나올 때쯤이면 나는 다시 세상과 나에게 새로운 물음을 갖게 되고, 새로운 씨를 뿌리기 시작한다. 지혜롭게 자연의 섭리를 따르며 성실하게 땅을 일구는 농사꾼처럼 나도 그렇게 한 걸음씩, 한 권씩 일구면서 그림책의 싹을 틔우고 거두려 한다.

그림으로
기록한다는 것

지금도 채색법을 고민할 때마다 길잡이가 되는 것이 우리 옛 그림이다. 고려 불화를 공부하자 이번에는 비단에 고운 선과 색으로 채색화를 그려 보고 싶었다. 도구들의 형태를 섬세하게 표현해야 하기에 비단 채색화로 그리면 잘 맞을 것 같았다. 비단은 번짐이 적어서 작은 사물도 정확하게 그릴 수 있고, 스캔할 때 한지에 그린 그림보다 색감이 밝다는 장점도 있다. 채색 방법과 북디자인도 고려 불화의 변상도(變相圖)◆를 참고했다. 『일과 도구』의 앞표지, 뒤표지, 면지에는 1mm 간격으로 가늘게 가로선을 긋고 중간 중간 꽃과 사물을 문양처럼 그려 넣었다. 조금 떨어져서 보면 은은하게 연한 색을 칠한 것처럼 보이지만, 실제로는 '선'으로만 완성했다. 이것뿐 아니라 본문에서 각 면의 모서리 마감 방식과 모서리마다 그려 넣은 문양도 변상도♦ 형식에서 빌어 왔다.

    고려 불화와 달리 조선시대 불화를 보고 있으면, 처음에는 인물의 얼굴에 눈이 갔다가도 옷자락과 기물의 강렬한 색감에 끌려 시선이 이리저리 옮겨 다니게 된다. 등장인물의 형태를 구분할 수 없을 정도로 강렬한 색이 시선을 잡아끈다. 형태를 구분하는 명암법을 쓰지 않았기 때문이다. 이런 기법은 물체와 인물을 뒤섞어, 보는 이로 하여금 모호하고 신비로운 세계로 빠져들게 한다. 나는 이 방법을 『일과 도구』에 적용해 보았다. 독자가 그림을 화면 밖에서 관망하듯 감상하는 것이 아니라, 직접 그림 안으로 들어가는 느낌을 가질 수 있기를 바랐다. 그림의 중간중간 빨강, 초록, 파랑, 검정 같은 선명한 색을 분산해 칠해서, 사물을 따라 자연스럽게

♦   『법화경』, 『화엄경』 등 불교 경전의 내용이나 교의를 상징적으로 표현한 그림.

시선이 이동하기를 바랐다. "와, 이렇게 많은 도구들이!" 독자들이 책장을 넘길 때마다 놀라고, 주인이 잠시 자리를 비운 사이 호기심에 찬 눈으로 일터를 찬찬히 둘러볼 수 있도록 했다. 도구 하나하나를 학습하기보다는 일하는 사람과 일과 도구의 관계를 통해 노동의 의미를 되새기는 데 중점을 두었다. 몇 가지 장치도 숨겼다. 가령 도구를 그린 페이지마다 각기 다른 모양의 시계가 있다. 시계가 가리키는 바늘은 그림 속 해당 작업장의 시간이다. 작업장의 사람은 작게 그려져 있고, 고양이가 한 구석에서 독자에게 길을 안내한다.

『일과 도구』는 일터와 사람들을 충실히 기록한, 기록화 모음이라고 할 수 있다. 『만희네 집』이 1970년대에 지은 가옥과 그곳에서 생활하는 가족의 삶을 묘사했다면, 『일과 도구』는 2000년대의 일터 환경과 생산 도구들을 담았다. 1998년에 출간했던 『엄마, 난 이 옷이 좋아요』 역시 당시 어린이의 복식 문화를 기록한 책이라고 할 수 있지만 두 책에 비해 기록의 성격은 다소 약하다. 나는 『만희네 집』 이후 10년이 지나 다시 그것과 비슷한 성격의 그림책을 내놓은 셈이다.

현장에 나가 관찰하고 그림으로 기록하는 일은 기

억을 저장할 뿐만 아니라 구체적인 현실에 근거한 상상도 만들어 낸다. 이제는 『만희네 집』의 배경이었던 집이 헐리고, 만희가 세발자전거를 타며 놀던 동네 골목길도 모두 사라졌다. 있던 집들을 아예 밀고 아파트 단지가 새로 들어서는 중이다. 시어머니께서는 이사 가시면서 어쩔 수 없이 자개로 장식한 장농과 화장대, 문갑에 소각용 분리수거 딱지를 붙여 내놓으셨다. 그걸 보며 애가 탔지만, 그렇다고 내가 챙기기에는 우리 집이 너무 좁았다. 나는 요즘도 110번 서울 시내버스를 타고 홍제동 사거리를 지날 때면 창문 밖으로 그때 그 목공소 거리를 확인한다. 내가 취재 갔던 목공소 옆에는 새로운 상점이 들어섰고, 목공소 거리는 가림막을 친 채 공사가 한창이었다. 몇 년 전 탁자를 수리하려고 취재 다니던 목공소를 찾아간 적이 있다. 아저씨는 나를 기억하시며 여전한 웃음으로 반겨주셨다. 그새 기계에 손가락 하나가 잘려 나갔다며 아무렇지도 않은 표정으로 뭉툭한 손가락을 내미시는데, 얼굴에 주름이 많이 늘어 보이셨다.

　　나는 『일과 도구』를 그리면서 기록화에 대해 다시 관심이 생겼다. 이전에도 책꽂이에 꽂힌 도판과 전시장에서 조선시대 기록화를 접할 때마다 감탄스러운 마음을 가졌다. 사대부집의 각종 모임 풍경을 그린 사가 행사도, 임진왜란 때 전투 장면을 그린 전쟁도, 역사적인 사건을 묘사한 고사화, 건축물의 형태와 배치를 담은 궁궐도, 궁중의 의례를 담은 반차도나 의궤 등은 하나같이 빼어난 기록화다. 기록화는 화가의 눈으로 시대를 기록하고, 그럼으로써 후세인들이 역사를 되새김하는 데 더없이 소중한 자료를 제공해 준다.

『일과 도구』를 끝낸 다음 해인 2009년, 용산에서 도시재개발에 저항하던 주민들이 목숨을 잃는 참사가 발생했다. 사고 후, 나는 활동가들을 따라 현장에 나가 〈용산참사 기록도〉 한 폭을 그렸다. 세로가 1미터 정도 되는 비교적 큰 그림이다. 반년이 지나도록 사망자들의 장례도 치르지 못하던 상황, 참사의 진상을 규명하고 기억하려는 사람들, 사고 지점 근처 한강로의 거리 풍경을 그림으로 기록해 현장에서 열린 전시도 함께했다.

2011년에는 아시아작가 교환 레지던시(Asia Aarts Link)♦ 프로그램에 참여해 베트남의 호치민시 키롱

♦ 안양의 '보충대리공간 스톤앤워터'(Supplement space stone&water)의 주최로, 아시아 지역 작가들의 이동과 교류를 지원했던 프로그램이다.

(kylong) 갤러리에 한 달간 체류했다. 그곳에서도 오토바이로 가득한 호치민 시가지의 풍경을 통해 사람들의 일상을 담아내는 기록도 한 폭을 남겼다. 이런 작업은 이후 『꽃할머니』에 위안소 기록도나 지도를 그리는 것으로 연결되었다. 2012년 1월 1일과 그해 설날, 나는 서울역에 나가 광장을 오가는 행인과 노숙자 들을 그림에 담아 보기도 했다. 이 서울역 기록도에서는 원근법의 소실점을 무시하고 사람을 겹쳐 그림으로써 한 장에 되도록 많은 사람을 압축해 담는 표현법을 시험했다. 이 방법은 나중에 『피카이아』와 『나무 도장』에서 많은 사람을 한 화면으로 표현하는 데 제법 쓸모가 있었다.

아침 8시부터 9시 사이, 베트남 호치민의 함롱마을에서
시내로 나가는 길을 가득 메운 오토바이와 사람들.
켄트지에 연필·수채화물감, 2011.

# 7

전쟁, '위안부'

2006년,
일본에서 온 편지

2006년 봄이었다. 정승각 작가가 일본에서 온 편지를 건네며 함께 그림책 작업을 해 보자고 제안했다. 편지의 발신자 자리에는 '2005년 10월'이라는 날짜와 함께 일본의 그림책 작가 타바타 세이이치(畑精一, 1931~), 와카야마 시즈코(1940~), 다시마 세이조(田島征三, 1940~), 하마다 케이코 네 분의 이름이 적혀 있었다. 그리고 본문에는 "중국·한국·일본 3국의 그림책 작가가 연대하여 합작으로 평화를 위한 그림책 한 권을 만들 수 없을까 생각합니다"라는 제목이 달려 있었다. 과거 일본의 무력침략과 식민지배로 인한 아시아 여러 나라의 희생과 고통에 공감하고, 야스쿠니 신사참배와 잘못된 역사 인식을 담은 교과서의 출현을 우려한다면서, 한중일의 그림책 작가들이 함께 무엇을 할 수 있을지 고민해 보자는 내용이었다. 또한 그림책이 '어린이들의 마음을 움직일 수 있는 매체'이므로 출간 의미가 더 클 것이라는 기대도 섞여 있었다. 나는 취지에 적극 공감하며 한국 작가 네 명 중 한 명으로 프로젝트에 동참하기로 했다.

2007년 11월, 세 나라의 그림책 작가 12명과 출판 관계자, 통역자까지 모두 30여 명이 중국의 난징에 모였다. 일본 작가 네 분의 제안으로 시작한 일이 사람들의 마음을 움직인 게 분명했다. 한국에서는 김환영, 이억배, 정승각 작가와 나, 사계절출판사의 김장성 편집주간, 그리고 통역자가 참석했다. '평화'를 대주제로 삼아 각자 생각하는 소주제를 발표하는 자리에서 나는 일본군 '위안부' 할머니를 다루고 싶다고 말했다. 중국과 일본의 여성 작가들은 자신이 한국 작가였다면 당연히 그 문제를 다뤘을 것이라며 격려해 주었다. 3국의 작가 12명은 각자 다른 주제를 골랐지만, 대체로 부모 세대가 겪었던 전쟁의 아픔을 다루는 데서 벗어나지 않았다. 이렇게 3국이 공통의 사건과 기억으로 가깝게 얽혀 있다는 사실에 놀랐고, 작가들이 함께할 수 있다는 데에 흥분하고 들뜨고 설렜다. 그런 분위기는 회의 마지막 날, 모두들 술잔을 들고 한껏 웃으며 찍은 사진에 그대로 담겨 있다.

난징 회의에서 우리는 "지난날을 정직하게 기록하고, 오늘의 아픔을 서로 나누며, 평화로운 내일로 함께 나아갈 것"을 목표로 삼아 이 프로젝트를 진행하자고 의견을 모았다. 그리고 열두 명의 작가가 각자 한 권씩 그림책을 만들어 12권을 반드시 출간하자고 다짐했다. 결과도 중요하지만, 공동의 논의 과정을 거치면서 서로를 이해하고 격려하자고도 했다. 3국의 출판사는 공동 출간을 약속하는 서약서를 작성해 한 부씩 보관했다. 특히 일본 작가들과 헤어질 때의 모습은 아직도 기억에 생생하다. 상해의 사천요릿집에서 점심을 먹으며 우리는 모두 흥에 겨워 어깨동무를 하고, 양희은의 〈아침이슬〉을 불렀다. 불과 며칠을 함께 보냈을 뿐인데도 아주 오래전부터 알고 지내 왔던 선후배 사이 같았다. 각자의 이야기는 매번 통역을 거쳐야 했지만, 난징 회의에서 우리는 이미 그림으로 서로의 생각을 읽어 냈고, 웃음만으로도 많은 것을 대신할 수 있었다. 헤어질 때는 앞으로 자주 만나자며 모두 눈시울을 붉혔다. 그렇게 시작한 일이 13년의 긴 여정이 될 줄을 그때는 짐작하지 못했다.

내가 일본군 '위안부' 이야기를 처음 접한 것은 대학교 1학년 때였다. 여성문제연구회 활동을 하면서 읽은 문건에 큰 충격을 받았고 쉽게 잊혀지지 않았다. "그분들에게 내가 무엇을 해 드릴 수 있을까?" 그 후로 이런 질문을 늘 마음 한구석에 담아 두고 있었다. 결혼해 아이를 낳고 살면서 '위안부' 할머니들이 겪었던 고통을 더 깊이 이해할 수 있었다. 그림책을 만들면서부터는 언젠가 할머니들의 이야기를 다루어야지 마음먹었다. 그러니 한중일 평화그림책 프로젝트에서 내가 '위안부' 이야기를 택한 건 자연스러운 일이었다. 이는 한중일이 함께 얽혀 있는 문제고, 현재까지 사회적 관심사로 살아 있는 문제이기도 했다. 게다가 3국의 작가들과 의논하고 격려하며 책을 완성해 갈 수 있다면 더없이 좋은 일이었다. 그러나 나의 기대와 달리 일본어판 출간을 뒤로하고, 2010년 한국어판이 먼저 나왔다. 『꽃할머니』(사계절)의 주인공인 심달연 할머니가 간암으로 오래 사시지 못할 거라는 소식을 듣고 출간을 서둘렀다. 책이 나온 6월 헌정식을 하고 그해 12월 할머니는 하늘나라로 가셨다.

『꽃할머니』의 더미북 12,
표지 원화 밑그림, 화선지에 연필, 2009.

꼬리에 꼬리를 무는
질문들

작업은 '위안부' 할머니들의 증언집과 역사 자료를 찾아 읽는 것으로 시작했다. 가장 먼저 떠오른 생각은 독자들이 내 그림책을 읽고 단지 '그 할머니 불쌍하다'는 동정으로 끝나면 어쩌나 하는 것이었다. 그런 반응은 할머니들의 삶을 더 초라하게 할 뿐이다. 증언 속에는 이런 외침이 들어 있었다. "그 고통을 내가 이제껏 참으며 살아왔는데 앞으론들 그러지 못하겠나. 내 고통이 궁금하거든 내가 왜 그렇게 되었는지부터 알아 봐라." 전쟁과 폭력에 저항하려고 했던 그들의 의지는 이후 그들의 삶을 지탱해 주었고, 세상을 향해 말문을 열도록 해 주었을 것이었다.

나는 내 작업이 한 개인의 삶을 보여 주는 데 머물지 않고, 개인을 지배한 사회구조까지 함께 드러내야 한다고 생각했다. 어떻게 하면 개인의 일과 역사적 맥락을 연결할 수 있을까 계속 질문했다. 국가 폭력이나 사회구조적 폭력에 대해 이야기하고 싶었고, 그러면서도 커다란 역사의 그물망을 빠져나가는 개인들의 소소한 삶도

놓치고 싶지 않았다. 사회구조와 상호작용하는 개인, 즉 구조로부터 영향을 받지만 그 속에서 고민하고 갈등하며 끝내 구조를 바꾸어 가기도 하는 개인에 대해 말하고 싶었다. 결국, 글은 할머니 한 분의 개인사를 중심으로 전개하고, 그림을 통해 사회구조 및 당시 상황을 결합해 보여 주는 방식을 선택했다.

답을 찾아야 할 질문은 또 있었다. 식민지 시대의 역사적인 사건을 현재로 다시 불러내 오는 이유는 무엇일까? 작업을 시작할 때만 해도 할머니가 어린 시절 '위안부'로 끌려가던 때부터 지금까지 살아오신 이야기를 연대기로 나열하면 될 것 같았다. 그런데 더미북을 하나하나 만들어 갈 때마다 의문이 생겼다. '증언 중에서 어느 부분을 끄집어 내 재구성해야 하는가? 그 부분을 통해서 무엇을 전하려고 하는가?' 이 질문은 더미북을 완성할 때까지 머릿속을 가득 채웠다. 주제를 명확하게 하는 일은 '위안부' 문제의 본질을 어떻게 이해하느냐와도 관련이 있었다. 나는 여성운동단체들이 '위안부' 문제를 해결하기 위해 노력해 왔던 과정을 담은 논문들을 찾아 읽으면서 많은 도움을 받았다. 그들은 국내외에 끊임없이 문제를 환기시키면서 힘을 모아 갔다. UN 인권위원회와 국제노동기구(ILO)를 통해 법적 대응을 하고, 2000년에는 도쿄에서 '일본군성노예전범 여성국제법정'을 열어 범죄자들을 단죄하기도 했다. 그렇다면 국경을 넘어 국제적으로 많은 단체 및 개인 들의 지지와 연대를 이끌어 낸 그들의 호소력은 어디에서 비롯된 것일까?

'위안부' 문제는 군인 신분의 '개인'이 여성을 성폭행한 사건이면서, 동시에 전쟁이라는 비인간적인 상황에서 일본제국의 '군대'가 약자인 식민지 '여성'을 제도적으로 성폭행한 사건이었다. 군대가 주둔한 전 지역에 '위안소'를 설치해 조직적이고 체계적으로 인원이 동원되고 관리되었다. 이런 측면에서 보면 '위안부' 문제의 핵심 당사자는 일본제국과 그 군대다. 이를 한 장의 그림으로 표현한 것이 『꽃할머니』의 중간에 들어간 '위안소 기록도'다. 국가의 개입과 묵인 아래 행해지는 군대의 성폭력은 식민지 시대뿐 아니라, 최근까지도 세계 곳곳의 전쟁터에서 끊임없이 일어났다. 베트남전쟁, 보스니아 내전, 콩고 내전, 르완다 내전, 이라크전쟁 등에서 참전한 병사들의 욕망을 충족시키기 위한 목적의 성폭력, 적에게 수치심을 안기고 사기를 떨어트리려는 목적

『꽃할머니』의 더미북 9,
원화 밑그림의 부분, 화선지에 연필, 2009.

의 성폭력, 심지어는 여성의 생식 기능을 망가뜨려 인종을 말살시키려는 목적의 성폭력까지 행해지고 있다. 전쟁이 끝난 뒤에도 군대가 주둔한 곳이라면 여성에 대한 성폭력에서 자유롭지 않다. 그런 점에서 '위안부' 문제는 여성과 인권이라는 보편적인 문제이자 인류의 평화와 관련된 문제라고 할 수 있다.

작품을 진행하면서 쉽게 풀리지 않은 고민이 또 있었다. 더미북을 한 권 한 권 만들어 가는 동안, 『꽃할머니』가 맹목적으로 민족주의와 반일 감정을 부추기게 되는 것은 아닌지 우려가 생겼다. 혹시 우리는 제국주의 침략에 대한 증오심과 성폭력에 대한 분노 때문에 시대와 민족을 넘어 세계 시민으로서의 눈과 마음을 갖지 못하고 있는 건 아닐까? 일본을, 어깨를 나란히 하고 함께 살아가야 할 이웃이 아니라, 증오하고 미워해야 할 상대로 가르치는 건 아닐까? 맹목적 민족주의를 넘어서기 위해서는 진정 무엇에 분노해야 하는가?

실제로 '위안부' 할머니들은 일본뿐 아니라 한국 정부에 대한 분노도 크게 가지고 계셨다. 1945년 해방 이후 1991년 김학순 할머니가 첫 증언을 하시기 전까지 그들은 사회의 무관심과 냉대 속에서 살아왔고, 국가와 사회가 만들어 내는 이데올로기적 폭력 속에 갇혀 있었다. 여기에 더해, 베트남전쟁에 참전했던 한국 군대가 베트남 여성에게 많은 상처를 남긴 사실은 한국사회 역시 전시 성폭력 문제의 책임에서 결코 자유로울 수 없음을 보여 주었다.

『꽃할머니』의 작업 초기에 만들었던 더미북에는 심달연 할머니가 끌려갔던 1940년대 상황을 그린 기록도가 첫 장면에 들어가 있었다. 거기에는 일본·조선·중국·대만의 지도를 배경으로 신사참배, 강제 동원, 곡물 수탈 등과 같은 일본의 식민정책과 난징대학살 사건을 담았다. 그리고 일본의 육군, 해군 배치도를 참고해 당시 조선에 주둔했던 일본제국의 군대를 지도에 빼곡히 그려서, 대만과 조선이 동남아시아 및 태평양 전쟁의 물자, 인력 동원지였음을 드러내려고 했다. 그런데 열 번째 더미북을 만들면서 나는 이 장면을 책에서 빼 버렸다. 전쟁과 여성, 인권의 문제가 한일 간의 문제로 좁혀지면서 반일 감정을 부추기지는 않을까 걱정되었기 때문이다. 대신 책 뒤편에 전쟁이 끝나고 한국으로 돌아온 할머니들을 무관심과 냉대로 대했던 우리 사회의 모습을 추가했다. 같은 맥락에서, 본문 마지막 장에는 본래의 이라크 여성 옆자리에 베트남 여성을 추가해 그려 넣기도 했다.

책을 출간한 후 한국 어린이들을 만나는 자리에 가면, 나는 일본 어린이들을 만났을 때의 이야기를 해 주었다. "일본 어린이들이 『꽃할머니』를 읽고 뭐라고 했을 것 같아요?"라고 물으면, 한두 명은 꼭 "자기네가 안 그랬다고 할 것 같아요"라고 대답한다. 내가 우선, 한중일 평화그림책 프로젝트가 일본 작가들이 제안해서 시작한 것이라고 하면 모두들 놀란 표정을 짓는다. 일본에도 평화를 사랑하는 사람들이 얼마나 많은지, 이 책을 읽은 일본 어린이들이 어떻게 공감했는지도 설명해 준다. 그리고 우리가 분노해야 할 상대는 일본뿐 아니라 한국, 중국, 미국, 러시아 그리고 어느 나라든 역사를 부정하고 왜곡하는 사람들이라고 덧붙인다.

이런 강연에서 종종, "여러분과 비슷한 또래의 일본 어린이들에게 편지를 써 보자"고 제안한다. 한 번도 일본인 친구를 상상한 적이 없을 어린이들에게 편지 쓰기는 막막하고 당황스러운 일이었을 게다. 그렇지만 이런 경험은 어린이들이 일본 친구와 소통하며 평화적인 공존 방법을 생각해 보고 터득해 가는 데 도움을 줬으리라 생각한다. '위안부' 문제는 민족주의의 틀을 넘어 평화를 사랑하는 사람들의 연대가 필요한 일임을 『꽃할머니』를 그리는 동안 알게 되었기 때문이다.

담담히,
아름답게

한동안은 아침에 일어나면 '위안부' 할머니들의 증언집부터 읽었다. 책을 펴는 순간부터 눈물이 나기 시작해 저녁이 되면 몸도 지치고 마음도 힘들어서 자리에 누워 버렸다. 이런 끔찍한 이야기를 정면으로 마주하는 것이 겁이 나서 30년 동안 피해왔는지도 모르겠다. 여러 권의 증언집을 읽고 나서는 내가 글을 지어내기보다 내 손으로 할머니들의 이야기를 전달하는 데 머물러야겠다고 생각했다. 굽이굽이 휘감기고 켜켜로 쌓인 그분들의 원한을 조금이라도 풀어 드리고, 그동안 그분들에게 졌던 마음의 빚도 덜고 싶었다. 많은 증언들 중에 특히 심달연 할머니의 사연이 내 마음에 와 박혔다. 열세 살 어린 나이에 언니와 함께 나물 캐러 나갔다가 끌려가고, 반복되는 성폭력으로 정신을 잃었다가 다시 정신이 돌아오기까지의 긴 과정이 생생하게 다가왔다.

글을 다듬고 스케치를 거듭할수록 일본제국군에 대한 분노와 증오의 감정이 마음속에 점점 쌓여 갔다. 그동안 가슴 저 깊숙이 꾹꾹 눌러두었던 내 지난 시절에 대한 기억들도 같이 살아나 뒤섞였다. 그때마다 나는 화선지에 분노의 붓을 거칠게 휘둘렀다. 강덕경 할머니께서 치유 프로그램에 참여해 그리신 1995년 작품 〈정신대 원귀〉는 내게 강렬한 인상을 남겼다. 할머니의 그림 왼쪽 위에 작게 그려진, 빨간 입술에 일본군 모자를 쓴 물고기와 온몸이 빨간 비늘로 덮인 물고기가 내 화선지 위에서는 물고기 같기도 하고 뱀 같기도 한 것으로 바뀌었다. 이 징그러운 것들이 제국 군대의 군복 안에서 꾸역꾸역 기어 나오고, 내 몸에 끈적끈적 달라붙고, 몸속으로 스멀스멀 기어들어 오는 환각에 시달렸다. 그 끔찍한 형상을 화선지에 휘저어 그렸다. 나중에는 붓에 진한 먹을 흠뻑 묻혀 화선지에 툭툭 찍으면서 그 징그러운 것들을 모두 터뜨려 죽여 버리기도 했다. 그림을 그리면서 나는 혼자 복수를 하고 원한을 갚았다. 분노와 증오로 가득 차 사건을 고발하려는 마음이 그렇게 표현되었다.

그러나 이런 표현들은 내 분풀이는 되겠지만, 주인

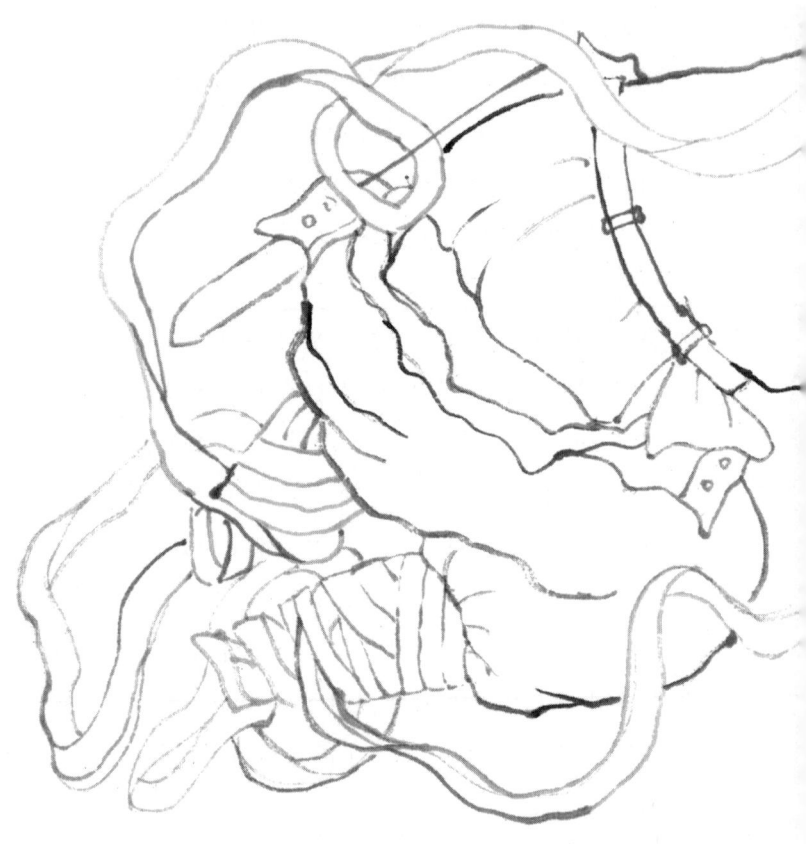

뱀처럼 날름거리며 소녀를 칭칭 휘감는 각반.
『꽃할머니』의 더미북 4, 화선지에 먹, 2008.

공인 심달연 할머니께 보여 드릴 수 없을 뿐더러 독자들의 마음을 열기도 어려울 것이다. 나는 다른 전달 방법을 찾아야 했다. 분노와 증오보다는 아름다움이 독자의 마음을 더 강하게 끌어당기기 때문이다. 나중에 원예치료사 한 분을 만나 인터뷰했고, 거기서 힌트를 얻어 물고기 형상을 모두 꽃으로 바꾸었다. 그러고 나서야 나는 할머니께 더미북을 읽어 드릴 수 있었다.

이미지를 표현하는 데 가장 어려웠던 점은 폭력을 직접 묘사하지 않고 폭력을 이야기하는 것이었다. 그동안 구타나 성폭력을 있는 그대로 재현해 온 대부분의 '위안부' 이미지들은 할머니들의 상처를 덧나게 하고, 어린이와 소통하는 데도 적절하지 않다고 생각했다. 독자 스스로 그림을 곱씹어 보고 해석할 수 있다면 더 좋을 것 같았다. 힘들고 끔찍한 이야기를 반대로 밝고 화사하게 표현하고, 직접적인 묘사보다는 상징과 은유, 반어적 표현을 써 보려고 했다.

화면 위부터 아래까지 가득, 철모와 황토색 군복 속에 표정을 감추고 서 있는 일본제국 군인, 위안소 앞에 줄 서서 기다리는 수십 명의 군인들, 얼굴 없는 제복과 뱀처럼 휘감기는 각반, 제비꽃잎이 떠 있는 분홍빛 핏물, 방석모로 무장한 전투경찰……. 이렇게 얼굴 없는 옷으로, 인물의 크기로, 색깔을 달리한 사물로 폭력을 표현했다. 얼굴 없는 황토색 군복은 일본제국 군대를, 얼굴 없는 흰 두루마기는 사회를 억누르는 가부장적 권위주의를, 얼굴 없는 방석모는 국가 폭력의 대행자를 상징한다. 전투경찰 뒤의 황토색 배경은 폭력이 언제 어디서나 반복될 수 있는 것임을 암시한다.

나는 폭력에 대비되는 상징으로 제비꽃, 모란꽃, 댕기를 등장시켰다. 특히 제비꽃의 파란색은 황토색과 대비되어 평화를 의미하는 색으로 쓰였다. '꽃할머니'가 돌아가신 엄마 목소리를 듣는 장면에서는, 황토색 배경 위에 기억 너머의 식민지 고향을 담았고, 하늘에서 만난 엄마 손길을 전하고 싶어서 파란색 안에 '꽃할머니'를 그렸다.

나는 감정을 의도적으로 부추기거나 과장하는 대신, 담담하고 서정적인 느낌을 살리기 위해 여러 가지 채색 실험을 해 보았다. 백반물이 떨어진 곳에는 물감이 스며들지 않는다는 것을 발견하고는, 먹선 위에 진한 백반물을 덧그어서 면과 면을 구분하고, 각 면 안에 색을 채우는 방법을 썼다. 또한 명암법을 사용하여 형태를 입체적으로 표현하지 않았기 때문에, 마치 꽃잎을 눌러 놓아 시간이 흐르면 입체감 없이 평면이 되는 꽃누르미와 느낌이 비슷해졌다. 이런 방법은 감정을 자극하지 않고 담담하게 이야기를 끌어가려는 내 의도와 통하는 것이었다.

'『꽃할머니』와 같은 아픈 이야기를 과연 사람들이 보고 싶어 할까?' 책을 만드는 내내 나는 이 걱정에서 벗어날 수 없었다. 그런데 책이 나오자 놀랍게도 교사, 도서관 사서, 그림책 활동가, 부모 들이 나서서 책을 찾아 주고, 아픔에 공감하며 어린이들과 주변에 알려 주었다. 다큐멘터리, 연극 등 다른 매체로 확장되기도 했고, 전시, 강연, 북토크, 신문, 방송 등을 통해 대중에게 소개할 기회도 가졌다. 지금까지도 가끔씩 독자의 편지를 받는다. 한국의 독자들부터 2018년 일본어판 출간 축하 자리에서 고맙다고 인사를 건네준 일본의 독자들, 사인회 자리에서 자신의 성폭력 경험을 내게 털어놓고 눈물을 흘렸던 일본 여성까지 책을 본 사람들의 소감에는 한결같이 "아픈 이야기를 아름답게 그려서 고맙다고, 마음을 열 수 있었다"고 나를 격려하는 마음이 담겨 있었다. 처음 이 프로젝트를 제안하던 일본 작가들의 편지에 써 있던 구절처럼, 그림책은 어린이는 물론, 어른의 마음도 움직일 수 있는 매체라는 것을 다시 한번 확인했다.

일본과 한국의
어린이들

『꽃할머니』를 완성해 가는 과정에서 어린이들에게 더미북을 보여 주고 의견을 듣는 자리를 여러 번 마련했다. 내 의도대로 내용이 잘 전달되는지, 책을 읽은 후 느낌이 어떤지, 이해가 안 되는 부분은 없는지, 두루 의견을 듣고 작품 수정에 참고했다. 스케치 상태에서는 주로 한국 어린이들에게, 그리고 채색을 마무리한 후에는 일본으로 가 그곳 어린이들의 의견을 들었다. 일본 어린이들까지 미리 만나게 된 건, 일본에서 출간을 맡기로 한 도신샤(童心社)의 수정 요청 때문이었다. 도신샤에서는 어린이들이 이 책을 봤을 때의 충격을 우려하면서, 할머니가 고통을 극복하고 살아가는 따뜻한 이야기로 바꾸면 어떻겠냐고 했다. 나는 '위안부' 문제를 전쟁과 여성이 겪는 보편적인 문제로 확장하되, 결코 일본제국의 잘못을 덮어 버려서는 안 된다는 관점을 지키려고 했다.

그래서 도신샤의 제안을 받아들일 수 없었고, 양쪽의 의견은 좁혀지지 않았다. 이에 한국의 작가들이 의견을 모아, 실제로 일본 어린이들이 이 책을 어떻게 받아들이는지 확인해 보자고 도신샤에 제안을 했다.

나는 사계절출판사 편집자와 함께 일본으로 건너가, 도신샤의 안내를 받아 도쿄에서 한 시간 거리에 있는 초등학교 6학년 어린이들과 중학교 2학년 청소년들을 만났다. 어린이들은 내가 방문하기 전에 미리 평화교육을 받았다고 했다. 그래서인지 구체적이고 다양한 질문을 쏟아 냈다. '위안부'가 성폭력을 당하면 아기를 갖게 되는지, 그 아기들은 어떻게 되는지, '위안부'는 어떤 병에 걸리는지, '위안부'는 나중에 조국으로 돌아와 어떻게 살았는지, 작가는 어떻게 대학생이 되어서야 '위안부'가 있었다는 사실을 알게 되었는지……. 답변을 끝내고 수업을 참관했던 담임선생님과 이야기를 나누면서, 어린이들의 질문에 아픈 대답을 내놓을 수밖에 없었던 내 심경을 토로했다. 선생님은 자신도 학생들에게 현실을 있는 그대로 이야기해 주는 편인데, 다만 그들에게 직접 일러주어야 할 것과 스스로 생각하도록 도와주어야 할 것을 구분하고, 나아가 배운 것이 행동으로 이어질 수 있도록 이끄는 데 주의를 기울인다고 하셨다. 나는 선생님의 교육법에 깊이 동감했다. 어른들이 역사적 사실을 어린이들에게 어떻게 전하느냐에 따라 어린이들의 반응이 달라진다는 것, 따라서 어른이 어떤 관점과 태도를 가지느냐가 교육에서 무엇보다 중요하다는 점에서도 서로 공감했다.

중학교 2학년 학생들과의 만남은 『꽃할머니』가 '위안부' 이야기를 담은 책이라는 사전 정보 없이 이루어졌다. 수업을 시작하면서 조사하니 첫 번째 반 13명, 두 번째 반 18명 중에 '위안부'에 대해 알고 있던 학생은 단 한 명이었다. 학생들은 일본이 이런 일을 했다는 것에 심하게 충격을 받은 듯했고, 심지어 한 학생은 이제껏 이런 일이 제대로 알려지지 않았다는 것이 더 큰 충격이라고 했다. 전쟁을 경험한 분들이 돌아가시면 이런 사실들을 알 수가 없으니 책이 나와서 사람들에게 많이 알려야 한다고도 했다. "군인들을 얼굴 없이 군복만으로 그리신 이유가 무엇인가요?" "그림 속에 모란꽃으로 얼굴을 가리고 있는 할머니가 모란꽃 뒤에 숨어서 '살려주세요'라고 하는 느낌이에요." 그림에 대해 질문을 한 학생도 있었고, 할머니를 도와드리면 좋겠다고 소감을 밝힌 학생도 있었다.

학생들과의 만남을 마치고 일본의 참여 작가들, 도신샤 직원들이 함께한 자리에서 학생들의 반응에 대해 서로 이야기를 나눴다. 무거운 분위기에서 다들 고개를 숙인 채 회의가 진행되었고, 아무도 직접 언급하지 않았지만 각자 반성하고 고민하는 태도가 역력했다. 도신샤에서는 한 달만 생각할 시간을 달라고 했다. 그리고 시간이 흘러 일본어판 출간을 결정했다는 반가운 연락을 받았다.

그러나 그 결정은 그대로 실행되지 않았다. 도신샤는 심달연 할머니의 증언이 사실이냐 아니냐를 두고 진실공방을 펼치기도 했고, 『꽃할머니』의 일본어판이 출간될 경우 우익에게 공격할 빌미를 주게 될 것이고, 결과적으로 한일 양국의 '위안부' 운동에 악영향을 끼칠 것이라며 출간 약속을 번복했다. 도신샤와 연락을 주고받으면서, 만일 내가 이쯤에서 물러선다면, 도신샤는 공식적으로 심달연 할머니를 주인공으로 삼은 내 작품의 문제로 출간 번복의 이유를 굳히게 될 거라는 두려움이 앞섰다.

다른 한편으로 나는 이 과정을 겪으면서 오히려 어

린이들로부터 희망을 발견했다. 어린이들은 호기심으로 세상을 알아 가고 느낀 대로 세상을 받아들이고 있었다. 솔직하게 자신의 감정을 표현할 줄 알 뿐만 아니라 무엇이 옳고 그른지 어른들보다 더 정확하게 알고 있었다. 그러니 모든 문제의 원인은 어른에게 있는지도 모르겠다. 어린이들에게 전쟁이 나쁘다고 말하면서 어른들은 갖은 이유를 들어 계속 전쟁을 벌이고, 환경을 보호해야 한다고 가르치면서 자신은 더 많은 부를 위해 환경 파괴를 아랑곳하지 않는다. 그렇게 폭력, 살인, 무시, 차별, 혐오를 만들고 있다. 이런 환경에서 어른들의 책임을 묻지 않은 채, 어린이들에게 좋은 사람이 되라고 이야기할 수는 없다. 사회 문제를 다룬 그림책에서 작가가 할 수 있는 일은 어른들이 무엇을, 얼마나, 왜 잘못했고, 그런 일이 다시 일어나지 않으려면 어떻게 해야 할지 곱씹어 볼 질문을 던지는 것일 게다. 그 본질을 어린이들에게 이야기하고 이해시킬 수 있다면, 어린이들은 자신의 세상을 좀 더 밝고 환하게 바꾸어 갈 수 있지 않을까 생각한다.

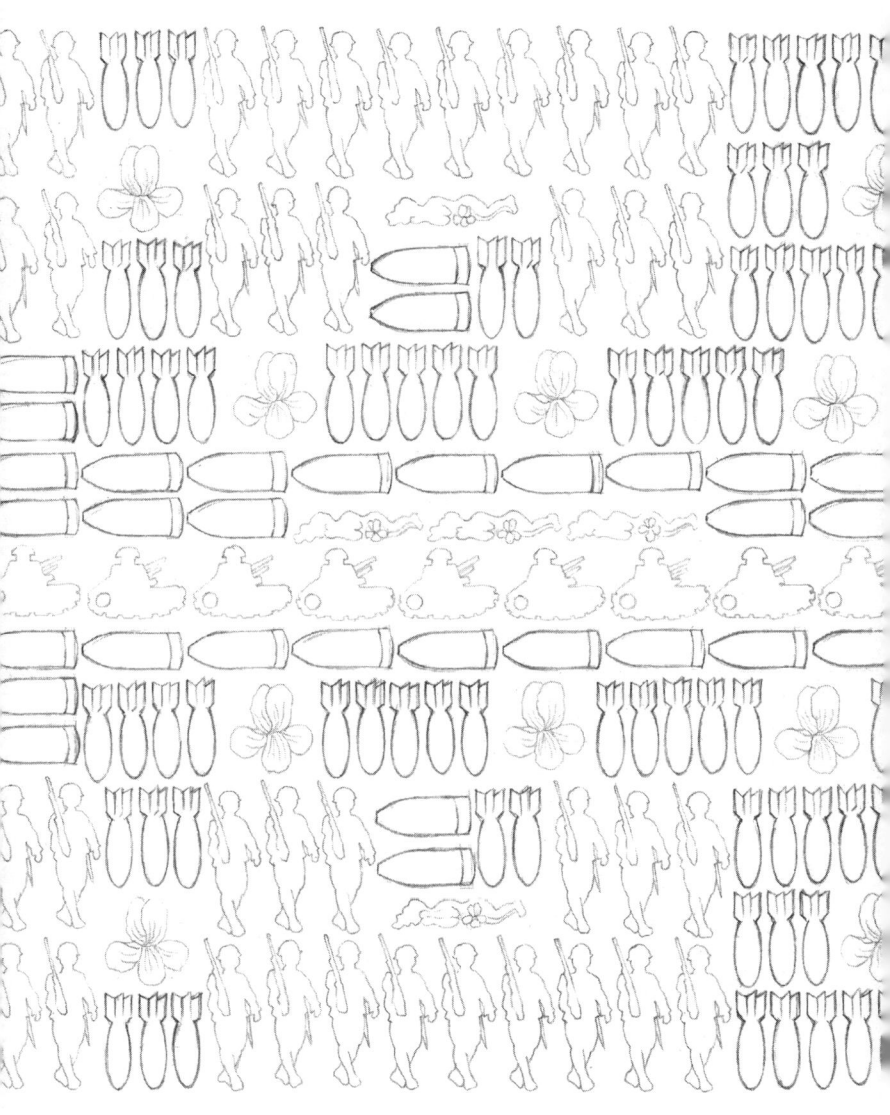

『꽃할머니』의 더미북 10, 면지 원화 밑그림의 부분, 화선지에 연필, 2009.

그림책이 만든
평화의 연대

2018년 4월 27일, 판문점에서 남북정상회담이 열리고 문재인과 김정은 두 정상이 손을 잡고 군사분계선을 넘나들던 날은, 내게 또 다른 의미로 잊지 못할 날이었다. 그날 나는 하마다 게이코, 신명호, 황진희 선생님과 함께 일본 도쿄에서 신칸센 열차를 타고 니가타로 향했다. 니가타의 '그림책과 나무열매 미술관(絵本と木の実の美術館)'에서는 다시마 세이조 선생님께서 『꽃할머니』의 일본어판 출간 기념 파티를 준비하고 계셨다. 역으로 마중 나온 미술관 활동가의 자동차를 타고 봄꽃이 만발한 길을 20분쯤 달려서 미술관에 도착했다. 입구에는 다시마 선생님의 그림책 『염소 시즈카』(고향옥 옮김, 보림, 2010·2018)의 주인공인 염소가 얼마 전 낳은 새끼들과 함께 아늑한 우리 안에 누워 있었다. 미술관에 들어서자 다시마 선생님뿐 아니라 NPO 활동가들, 마을 주민들이 큰 소리로 인사말을 건네며 우리를 반겨 주셨다. 한글로 쓰인 축하 글, 손수 만든 음식, 꽃이 가득한 창가의 화병, 그리고 『꽃할머니』의 일본어판도 보였다. 2005년

설렘을 안고 떠났던 긴 여행을 마치고 집으로 돌아오기 직전, 이렇게 낯선 곳에서 뜻하지 않게 동행들의 환대를 받았다.

　니카타로 가기 전날, 나는 오사카대학의 기타하라 메구미(北原惠) 선생님께서 일본어판 출간을 기념하여 마련하신 포럼에 참석해 『꽃할머니』의 예술적 재현에 대해 발표했다. 그 자리에는 코로카라 출판사의 키세 다카요시(木瀬貴吉) 대표님도 참석하셨다. 키세 대표님과의 인연은 일본에 계신 여러분의 도움으로 맺어진 더없이 소중한 것이었다. 도신샤로부터 출판을 거절당한 2015년 이후, 다시마, 하마다 선생님은 새로운 출판사를 알아보는 데 수고를 아끼지 않으셨다. 그러던 중 2017년 7월 21일, 하마다 선생님께 반가운 메일을 받았다. 다시마 선생님이 『만희네 집』 일본어판을 출판했던 세일러 출판사의 나카무라 마스미(中村真澄) 편집자에게 『꽃할머니』 초판본을 건넸고, 나카무라 선생님이 코로카라의 대표님께 보여 주면서 출간 검토가 진행되고 있다는 것이었다. 전언에 따르면 키세 대표님은 『꽃할머니』를 보고, "자료집이 아니라 예술작품이다." "구술은 사실의 차이를 포함하는 역사다"와 같은 소감과 함께 출간 의지를 밝혔다고 한다. 얼마 후 정식으로 계약을 하고, 8개월 만에 드디어 일본어판이 출간되었다.

니가타 일정을 끝으로 『꽃할머니』와 함께한 13년의 긴 여행을 마쳤다. 누구나 여행을 떠날 때는 즐거운 일을 먼저 떠올리는 법이다. 즐겁고 의미 있는 여행이 되도록 미리 동행을 모으고 일정을 짜고 준비물을 점검한다. 그렇게 준비를 해도 늘 예기치 못한 일을 만나는 것이 또한 여행이다. 시련이 있어야 여행이 더 값진 법이라고 말하기도 하지만, 『꽃할머니』와 함께한 시간은 나의 50년을 송두리째 뒤흔들어 놓았다. 여행 내내 오래도록 맑은 물 밑에 가라앉아 있던 진흙이 뒤집혀 흙탕물이 되어 앞을 볼 수 없는 듯한 느낌, 끝이 보이지 않는 긴 터널의 어둠 속을 한없이 달리고 있는 느낌, 겨우 닫아 놨던 옷장 문이 왈칵 열리면서 한꺼번에 쏟아져 내린 옷더미 밑에 짓눌려 있는 듯한 느낌의 연속이었다.

지금도 가끔 생각해 본다. 일본의 도신샤가 만약 심달연 할머니나 내 작품의 문제가 아니라, 출판사의 사정으로 출간이 어렵게 됐다고 말해 주었더라면 어땠을까? 자신들의 부족함을 인정하고 약속했던 공동 출간을 지키지 못한 것에 대해 사과했더라면, 『꽃할머니』의 일본어판 출판이 한국과 일본의 '위안부' 운동에 피해를 주는 일이자 평화를 깨는 일이라고까지 이야기하지 않았다면 어땠을까? 순조롭던 과정이 처음 장벽을 만난 후 내가 제안했던 대로, 『꽃할머니』 출판을 맡아 줄 다른 출판사를 찾아 일본에서만 예외적으로 두 출판사가 프로젝트에 참여하는 방식을 허용했다면 어땠을까?

일본에서의 출판 거부가 내 작품이나 심달연 할머니의 증언 문제가 아님을, '위안부' 운동에 해가 되지 않음을 확신해 가는 과정이기도 했던 이 긴 여행을 되돌아보며, 이런 저런 아쉬움과 안타까움이 남는다.

2018년 6월 초, 대구의 '희움위안부역사관'에서 심달연 할머니의 생전 모습과 『꽃할머니』의 출간 과정, 할머니의 꽃누르미 작품을 함께 전시하는 〈그리는 마음〉 기획전이 열렸다. 8년 전 병석에 계시던 할머니를 모시고 『꽃할머니』 한국어판 헌정식을 할 때와 같은 계절이었다. 역사관 2층 전시장에 들어서니 꽃누르미를 하시는 할머니의 사진이 크게 걸려 있고, 그 옆에 따로 환하게 웃고 계시는 모습의 사진도 걸려 있었다. 나는 사진 앞으로 다가가 속삭이듯, "할머니, 저 일본 잘 다녀왔어요"라고 말씀드렸다. 그렇게 할머니 앞에 서 있으니, 어릴 적 내가 할머니 손을 잡고 꽃구경이라도 가는 듯 마음이 훨훨 가볍고 편해지는 것을 느꼈다. 그건 아마 두 가지 이유 때문일 거라고 생각한다.

하나는, 『꽃할머니』 일본어판 출간의 의미가 크게 다가왔기 때문이었다. 출간 전까지는 『꽃할머니』가 일본에서만 출간되지 못하는 것도 사람들에게 시사하는 점이 있을 것이라고 위안을 해 왔다. 그러나 인터넷에서 코로카라 출판사의 크라우드펀딩에 참여한 사람들의 열기를 접하고, 출간 후 일본 강연에 참석한 독자들, '위안부' 운동 활동가, 연구자, 문화 예술인들을 만나면서 '출간'은 곧, 일본 사회가 심달연 할머니의 증언을 존중한다는 의미로 여겨졌다. 심달연 할머니께서는 '위안부 등록'을 하기 전까지만 해도 자신이 죄인이라고, 죄가 많아서 사람들 앞에 나설 수 없다는 말씀을 여러 번 하셨다. 그러나 증언 활동을 시작하고 심리치료의 하나로 꽃누르미 작품을 하면서 죄를 지은 사람은 본인이 아니라는 것을 알아 가셨다. 자신이 소중한 사람이라는 믿음도 회복해 가셨다. 출간은 할머니가 불확실한 기억으로 증언을 의심받고 부정당했던 시간에서 벗어나, 살아오신 삶 그대로의 모습을 사회에서 인정받았다는 의미이기도 하다. 달리 생각해 보면 '사회가 할머니에게 어떤 증언을 요구하는가'의 문제이자 할머니의 잘못이 아니라 우리의 잘못임을 깨닫는 시간이었다. 할머니를 감싸 안는 일이었으며, 동시에 내 작업의 정당성을 확인하는 과정이었다.

또 하나는 한중일의 작가와 출판사들이 '위안부'를 보는 시각에 대해 공통의 기억을 만들고, 함께 연대했다고 여겨지기 때문이다. 『꽃할머니』는 3국의 작가와 출판사들이 의견을 주고받으며 진행되었고, 일본어판 출간 문제가 불거지면서부터는 일본의 '위안부' 운동 활동가와 연구자, 독자 들의 의견까지 수렴했다. 의견을 듣고 수합하는 일이 쉽지 않았지만, 한일 양국 사이의 첨예한 정치적 쟁점이 되어 있는 사회 문제를 공유해 가기 위해서는 필요한 과정이었다. 그리고 기꺼이 『꽃할머니』 일본어판 출간의 어려움에 공감하고 함께해 주셨다. 프로젝트의 제안자로서 책임감 때문에, 심달연 할머니와 했던 약속을 지키기 위해, 일본어판 출간을 포기한 도신샤의 결정을 보고 스스로 부끄러움을 느껴서, '지워지는 역사'에 대한 두려움 때문에……. 각자 이유는 조금씩 다르지만, 이 프로젝트의 성공을 기원하며 성사될 수 있도록 노력해 주신 분들이 계셨다. 한국과 일본의 작가, 연구자, 시민단체 활동가, 독자 등 수많은 사람들의 지지와 격려, 공감과 눈물이 있었다. 우리는 이 모두를 아울러 '평화의 연대'라고 부를 수 있을 것이다.

심달연 할머니의 꽃누르미 작품을 참고해 그렸다.
『꽃할머니』의 더미북 7,
원화 밑그림의 부분, 화선지에 연필, 2009.

8

우연히
생존

가
출

2010년 4월,『꽃할머니』원고를 출판사에 모두 넘기고 순천으로 내려갔다. 좀 쉬고 싶기도 했고, 그때 마침 순천기적의도서관에서 초등학생들과 개가 함께 책을 읽는 프로그램을 진행한다고 해서 참여하고 싶은 마음도 있었다. 아들 만희를 키우면서 힘들 때마다 애가 다 크면 한번 집을 떠나 지내 보리라 생각해 왔는데, 이번이 그 기회라고 여겨지기도 했다. 그렇게 프로그램이 진행된 세 달 동안 나는 집을 나가 있었다.

순천에서 나는 순천기적의도서관 허순영 관장님의 소개로, 시외버스터미널에서 걸어서 50분, 버스로

10분 정도 되는 거리의 호숫가에 단층집을 구했다. 마당에 서면 가끔 호수 위로 물안개가 피어오르고, 용이 누워 있는 듯한 앞산 사이로 낮은 구름이 지나갔다. 집 앞 버스정류장에는 널따란 툇마루가 있었는데, 장날이면 동네 할머니들이 거기 앉아 기다리다가 버스를 타고 장에 나가시곤 했다. 봄이라 그런지, 할머니들 옷이 분홍 꽃무늬로 가득해서 버스 안이 마치 봄 꽃밭 같았다. 나는 일주일에 서너 번 아침마다 버스를 타고 시내에 있는 동물병원으로 가서, 책 읽기 프로그램에 참여하는 골든리트리버 '키스'를 만났다.

동물병원의 두 원장님은 직간접으로 인연이 있는 분들이었다. 김영대 수의사는 순천기적의도서관 운영위원으로 활동하셨고, 정길준 수의사는 2007년 재일조선인학교에 함께 갔던 일행 중 한 분이었다. 나는 병원에 갈 때마다 편한 마음으로, 소파에 앉아 개들과 놀아 주거나 산책하고, 병원에 오는 사람과 동물 들을 관찰하거나, 진료실이나 수술실에 따라 들어갔다. 수의사분들은 잠깐씩 쉬러 대기실에 나올 때면 동물 이야기를 꺼내셨다. 김영대 수의사는 야생동물구조센터에서도 활동하고 계셔서 흥미로운 경험이 많았다. 독수리가 죽거나 쓰러져 있다고 신고가 들어와 출장 다녀온 이야기, 순천만의 흑두루미를 진료한 이야기, 마을을 돌며 소들에게 예방접종 한 이야기, 지리산의 반달곰 방사 프로젝트에 참여할 때의 이야기. 그때 들었던, 하늘 높이 날아가는 흑두루미와 청둥오리를 구별하는 방법은 이후 『피카이아』(창비, 2013)의 글을 쓰는 데도 도움이 되었다.

    순천에 있는 동안 가장 좋았던 점은 아침에 일어나 오늘은 뭘 먹을지 고민하지 않아도 된다는 것이었다. 아침에 눈을 뜨면 느긋하게 간밤의 꿈을 노트에 적어 내려가기도 했고, 다시 잠이 오면 꺼릴 것 없이 자고, 배가 고프면 밖에 나가 원하는 것을 사 먹을 수도 있었다. 그렇게 혼자 하고 싶은 대로 하면서 보낸 시간은 결혼한 이후 처음이었다. 결혼하기 전에야 부모님과 같이 지냈다 해도 내가 늦잠을 자든 무얼 하든 관여하지 않으셨고, 집안일도 대부분 부모님 몫이었으니 나는 내 몸 하나만 건사하면 됐었다. 그러나 결혼 후 아이가 태어나면서부터는 잠을 제대로 잘 수도, 마음대로 어디를 갈 수도 없고, 심지어 먹는 것도 내 마음대로 선택하기 어려웠다. 물론 아이 덕분에 소소한 일상에서의 즐거움을 느끼고 생명에 감탄하는 시간도 많았지만, 아이가 태어나고 얼마 동안은 자다 일어나 젖 먹이는 게 너무 힘들어서 깨지 않고 푹 자는 게 최고의 소원이기도 했다. 그럴 때마다 속으로 이렇게 다짐했었다. '네가 19살이 되면 엄마로서 책임은 다한 거니까, 훌훌 다 벗어던지고 집을 나가리라.' 물론 이건 순전히 내 변덕스러운 마음의 한 단면이었다. 나는 그림이 잘 그려질 때는 남편도 아이도 모두 집에 들어오지 말았으면 했다가, 그림도 안 풀리고 심심해지면 다들 어디서 뭐 하느라 집에도 안 들어오느냐고 찾았다.

시외버스터미널에서 숙소로 들어가는 시내버스는 한 시간에 한 대뿐이어서 버스를 놓쳐 걸어가야 하는 때가 종종 있었다. 순천은 서울과 공기도 다르고 하늘 색도 다르고 나뭇잎의 연두빛 느낌도 달랐다. 치자꽃 냄새가 폴폴 나고, 논물에 비친 어린 벼의 모습이 바람에 간들거렸다. 이리저리 풀과 꽃에 정신이 팔려 걷다 보면 『꽃할머니』를 만드는 동안 휘둘렸던 마음이 가라앉으며 평안해졌다. 중요하다고 꼭 움켜쥐고 있었던 것들이 나도 모르게 슬슬 손가락 사이로 빠져나갔다. 그동안 지키려고 했던 신념도 다 부질없다는 생각이 처음으로 들었다.

고속버스터미널에서는 서울행 표를 파는 창구 옆으로 장흥, 남해, 해남행 버스표 창구가 나란히 늘어서 있었다. 창구에 가서 표만 끊으면 사방 어디든 갈 수 있는 것이었다. 돌아보니, 나는 대학 졸업 후 혼자 여행을 떠난 적이 없었다. 결혼 이후에는 늘 남편, 아이와 함께 다녔고, 내가 운전을 못하니까 대개는 남편이 운전하는 자동차를 이용했다. 그렇게 20년이 넘는 동안 나는 여행마저도 가족 중심이었고, 혼자 다닌다는 것을 아예 잊고 살았다.

날씨가 좋던 어느 날, 나는 해남 땅끝마을에 가 볼 생각으로 터미널로 나갔다. 해남행 버스에 올라타 차창 밖으로 흘러가는 풍경을 내다보면서 한동안 감상에 젖다가, 해남터미널에서 시내버스로 갈아타고 땅끝마을에 도착했다. 목적 없이 여기저기 돌아다니다 보니 바닷가에 닿았고, 벤치에 앉아서 마냥 바다를 바라보다가 한숨 누워서 자고, 해질녘에 다시 순천으로 돌아왔다. '아, 이렇게 혼자 다닐 수 있구나. 차표를 끊기만 하면 어디든 갈 수 있구나.' 집을 떠나서야 새로운 것이 보이고, 잊고 있었던 것이 되살아났다.

책 읽기 프로그램이 끝난 후, 서울로 가는 차 안에

서 남편이 물었다. "그래, 집 나가서 세 달 살고 얻은 것이 있어?" 나는 얻은 것이 아니라 다 비우고 왔다고 대답했다. 그러고는 무엇도 확실해 보이지 않고, 모든 것이 덧없고 허무하다는 생각으로 1년 가까운 시간을 보냈다. 끊임없이 회의하는 사람이 작가라더니 내가 비로소 작가가 되긴 했나 보다 싶었다.

네 마리의 개와
아홉 명의 어린이

동물병원에는 개 네 마리가 살고 있었다. 골든리트리버 '키스', 삽살개 '길동이', 베들링턴테리어 '캐시', 몰티즈 '방울이'. 모두 사연을 가지고 동물병원에 와서 어울려 지냈다. 키스는 조련사인 새로미 간호사가 어릴 때부터 키워온 개다. 골든리트리버는 똑똑하고 배려심이 깊어 맹인 안내견으로 많이 활동한다. 키스도 안내견 훈련을 받았는데 네 살 때 침대에서 떨어지는 바람에 관절을 다쳤고, 결국 안내견 되는 것을 포기할 수밖에 없었다. 대신 새로미 간호사를 따라 고아원이나 지체장애인 요양소에 다니면서 훈련을 받았다. 요양소 사람들이 때로 악

'키스'.
복사지에 연필, 2010.

을 쓰거나 때리고 쥐어뜯어도 키스는 그걸 다 참고 견뎌 냈다고 한다. 초등학생과 함께하는 책 읽기 프로그램에 도 두 번이나 참여한 적이 있는데, 이제 나이가 들고 힘에 부쳐 해서 아마도 이번이 마지막이 될 거라고 했다.

길동이는 유기견이다. 검은 옷을 입은 덩치 큰 남자를 싫어하고 무서워했다. 동물병원의 개들은 종종 소파 위에 올라가 창밖으로 지나가는 사람들을 구경했는데, 그럴 때도 길동이는 남자가 창 쪽으로 가까이 지나가면 계산대 밑으로 도망가 숨었다. 눈이 새까맣고 깊어서인지, 한참을 마주하고 있으면 눈빛이 애처롭고 간절해 보인다. 방울이도 유기견인데, 교통사고로 다리 하나를 잃었다. 먼저 살던 곳에서 사람을 물어 매를 많이 맞았고, 그 기억 때문인지 사람을 잘 따르지 않는다고 했다. 안락사를 부탁받았지만, 동물병원에서 그냥 데리고 함께 지내고 있었다.

캐시는 솜구름 같은 은빛 털이 곱슬곱슬 온몸을 감싸고 있으며, 활달한 성격이지만 질투가 좀 심한 개다. 동물병원에 오기 5~6년 전, 아파트에 사는 주인이 영국에서 데려 온 귀한 품종이었다. 캐시는 몸이 커지면서 좁은 아파트 생활이 답답했는지 주인이 저녁에 퇴근해 돌아올 때면 소파나 벽지를 잔뜩 뜯어 놓고 짖기까지 해서 어쩔 수 없이 시골로 입양을 가게 되었다. 그곳에서 다른 개들한테 심하게 물린 후 치료받으러 왔다가 동물병원과의 인연이 시작됐다. 그 후 사고뭉치에 장난이 심한 캐시는 여러 곳을 전전했고, 결국 병원으로 와서 살고 있다.

새로미 간호사는 동물의 마음을 잘 아는 분이었다. 시간 날 때마다 개들을 안아주고, 산책시키고, 먹이를 주고, 물 갈아주며 무조건 사랑해 주었다. 저마다 아픈 상처와 사연을 가지고 있는 개들이 수의사와 간호사 그리고 병원에 오는 손님들로부터 사랑을 듬뿍 받으며 살고 있었다.

프로그램은 일주일에 한 번씩 12주 동안 진행되었다. 책을 읽지 않는 어린이들이 책에 관심을 갖고 도서관에도 친숙해지도록 하자는 뜻에서 시작된 것이었다. 도서관에서는 근처 초등학교 두 곳의 선생님들로부터 추천을 받았다. 말썽꾸러기 아홉 명, 그리고 키스가 함께 모였다. 수업은 독서지도 선생님과 간호사 두 분이 진행했고, 나는 프로그램을 함께 논의하며 수업을 참관했다. 첫날은 독서지도 선생님이 아이들 앞에서 책을 읽어 주는 것으로 계획을 세웠는데 막상 수업이 시작되니 산만한 분위기에 엉망진창이 되었다. 선생님이 이야기하는 중에도 아이들은 왔다 갔다 하고, 선생님 한 마디에 서로 답하겠다고 장난치듯 나서고, 딴짓하고 떠들고 싸우느라 단 일 분도 온전히 집중하지 못했다. 그래도 아이들은 도서관에 오는 것을 자랑스럽게 여기는 듯했다. 키스가 커다란 몸집에 꼬리를 흔들며 도서관에 들어서면, 책 읽으러 온 다른 아이들이 개 주위로 몰려와 궁금해하며 프로그램에 끼워 달라고 졸라댔다. 그런 광경을 보는 데다 선생님들까지 온통 자신들에게만 관심을 쏟고 있으니 우쭐할 만도 했다.

    선생님들은 아이들이 좀 더 집중할 수 있는 방법이 없을지 고민했다. 의논 끝에 책을 읽고 소감 나누는 일은 뒤로 미루고, 먼저 키스와 친해지는 데 집중해 보기로 했다. 초등학교 4~5학년생이 자기보다 몸집이 큰 키스를 선뜻 가슴에 안는 데는 용기가 필요했다. 간호사는 개와 인사하는 법, 개가 좋아하는 것과 싫어하는 것, 개에게 함부로 대하면 짖거나 물 수 있다는 것 등을 일러주었다. 아이들은 한 명씩 차례로 키스와 손 인사를 하고 두 팔 벌려 키스를 안았다. 키스의 온기는 아이들의 작은 가슴을 하나 가득 채웠을 테고, 부드러운 털의 감촉은 마음을 편안하게 다독였을 것이다. 그렇게 아이들은 차근히 키스를 통해 상대를 배려하는 마음과 규칙을 지켜야 한다는 것을 배워 갔다. 선생님 말씀에도 귀를 기울이기 시작했다. 그제야 선생님은 책보따리를 조금씩 풀어놓고 책 이야기를 시작할 수 있었다.

아이들이 키스에게 직접 책을 읽어 주던 수업은 내게 큰 감동으로 남아 있다. 같은 책 아홉 권을 준비해 한 권씩 나누어 준 후에 키스 주위에 동그랗게 둘러앉게 했다. 아이들은 돌아가며 키스에게 한 단락씩 책을 읽어 주었다. 대부분 글을 또박또박 읽지 못했지만, 키스는 아랑곳하지 않고 아이들이 읽기를 마칠 때까지 아무 말 없이 들어 주었다. 산만하던 아이들도 친구들의 낭독을 끝까지 기다려 주었다. 나중에 아이들이 쓴 수업 평가서에 "키스가 내 이야기를 끝까지 들어 준 게 좋았다"고 한 걸 보면, 누군가 자신의 이야기에 귀 기울여 준다는 게 얼마나 큰 힘이 되는지 알게 된 것 같다. 수업 후반부에 키스가 좋아할 만한 책을 도서관 서가에서 마음대로 골라오게 했을 때, 아이들은 "개니까 개 백과사전을 좋아할까?" "개 그림 있는 그림책이 어디 있지?" 하고 서로

『피카이아』의 더미북 5,
원화 밑그림, 복사지에 연필, 2012.

소곤거리며 서가 사이로 이리저리 바쁘게 책을 찾아 다녔다. 마지막 시간에는 모두들 키스 주변에 둘러앉거나 키스의 앞발을 목에 감고 누워서, 선생님이 읽어 주는 책에 집중했다. 나는 그 모습을 『피카이아』의 마지막 장면에 온전히 옮겨 담았다.

프로그램이 끝나고 진행된 심리 테스트에서 아이들 모두 자존감이 크게 올라간 결과가 나왔다. 수업 내내 선생님들과 키스, 도서관 관장님과 사서들까지 아이들 한 명 한 명의 이야기를 들어 주고, 작은 것까지 하나하나 상의하고 결정하며, 존중하는 마음으로 대했기 때문일 것이다. 동물병원에 사는 유기견들을 보면 그 어린이들의 모습이 겹쳐 떠올랐다. 사람이든 동물이든 누구나, 사랑받으면 덜 아프게 살아갈 수 있을 거라는 생각이 머릿속을 떠나지 않았다.

그리고
엄마들

프로그램 중간에 아이들이 빌려 간 책을 집에서 잘 읽도록 부탁할 겸, 부모 면담을 진행한 적이 있다. 그때 나도 관장님 옆에서 참관을 했다. 대부분 엄마들이 참석했는데, 듣다 보면 하나같이 아이의 이야기이면서 곧 자신의 이야기였다. 한 엄마는 아이를 여러 학원에 보내면서 빡빡한 일정과 동선을 직접 관리하고 있었다. 아이가 아침에 머리 단장하는 것, 옷 입는 것까지 일일이 관여했다. 그런데 그럴수록 아이가 점점 더 아무것도 하지 않고 무기력해진다고 했다. 나도 구석진 의자에 앉아 친구들만 바라보던 그 아이의 모습이 떠올랐다. 엄마는 본인이 많이 배우지 못한 것이 가슴에 맺혀 아이만큼은 공부를 잘하도록 도와 주고 싶은데 어떻게 해야 할지 모르겠다고 했다.

아이에게 수학을 가르치다가 '멍청이', '바보'라고 하며, 볼펜으로 아이 손등과 머리를 찍은 적이 있다고 우는 엄마도 있었고, 너무 이른 나이에 아이를 낳아서 자신의 인생을 망쳤다는 생각 때문에 아이를 미워한다고 고백한 엄마도 있었다. 가게 일 때문에 매일 밤 9~10시까지 아이가 혼자 있어야 하는 집안 사정을 털어놓기도 하고, 남편이 집을 나가 아이와 둘이 사는 게 너무 힘들어 자살하려 했었다고도 하고, 게임방을 하며 생계를 이어 가는데 새벽에나 집에 들어가다 보니 아이가 어떻게 지내는지 관심조차 기울이기 어렵다는 이야기도 나오고, 참을 수 없이 화가 나서 "말 안 들으면 고아원에 보내 버린다!"며 아이 옷을 벗겨 내쫓았다는 이야기도 들었다. 대부분의 엄마들은 자식에 대해 죄의식을 느끼고 있었고, 그런 상황에서 벗어나고 싶어 했다. 그런데 우선 경제적으로 넉넉치 않아 하루아침에 변화되기는 어려워 보였다.

나는 프로그램에 참여하는 내내 충격 속에 있었다. 마음이 아픈 어린이 뒤에는 상처로 가득한 부모가 있었고, 그 가족 뒤에는 개인의 힘으로는 뛰어넘기 어려운 사회구조가 막아서고 있었다. 그걸 거듭 확인하면서 숨이 막혔다. 그동안 어린이들을 위해 그림책 작업을 한다고 여겨 왔는데 의미 없고 소용없어 보였다. 프로그램이 끝나 갈 즈음에는 모든 게 다 부질없다는 생각까지 들었다.

지금도 지방의 외진 학교에 강연을 하러 가면, 그 늘진 모습의 어린이들이 먼저 눈에 들어온다. 요즈음 농촌에는 부모와 떨어져 할머니와 사는 어린이들, 다문화 가정에서 어렵게 자라는 어린이들이 많다. 서울에서 온 작가를 어디 먼 외국에서 온 이방인처럼 신기해하는 어린이들도 있었다. 눈을 맞추거나 어깨라도 도닥이면 마음을 활짝 열고 얼굴이 금방 환해지는 게 보였다. 수업을 마치고 일어서면 그냥 내 곁에 와서 손을 만지고, 치대고, 옷자락을 붙잡기도 한다. 그러면 나는 등을 쓰다듬어주거나 어깨를 잡아주기도 하고, 좋은 질문을 해 줘서 고맙다고, 웃는 모습이 아주 예쁘다고 몇 마디를 덧붙이기도 한다. 그것이 내가 할 수 있는 전부다. 그러고서 집에 돌아오면 며칠은 그 아이들의 눈망울이 눈에서 떠나지 않고 마음이 아프다. 내가 게을러지거나 방향을 잃을 때면 나를 돌아보게 했던 그 아이들부터 떠올려야겠구나 생각한다.

살구부터
피카이아까지

한동안 무기력에 허우적거렸다. 내가 누구인지, 왜 사는지, 어떻게 세상에 나와 어디로 가는지, 사춘기 때부터 주기적으로 찾아 와 맴돌던 이런 질문들이 다시 일었다. 이번에는 과학을 공부하면서 답을 찾아보자는 생각이 들었다. 당시 남산에 위치한 '수유너머'의 공부 모임을 알게 되어 물리학, 진화학 공부를 시작했다. 『종의 기원, 생명의 다양성과 인간 소멸의 자연학』(그린비, 2010) 을 쓰신 박성관 선생님이 이끄는 모임이었다. 일주일에 한 번 책을 읽고 만나 발제와 토론을 했는데, 어려운 부분은 선생님이 설명을 보태 주셨다. 중고등학교 때 나는 물리학, 화학, 수학 같은 과목을 들춰보기도 싫어 했고, 지금도 숫자 앞에 서면 머릿속이 하얘진다. 그러니 물리학 공부를 어떻게 할지 막막할 수밖에 없었다. 열심히 읽어도 이해할 수 없는 것투성이였다. 아인슈타인의 상대성이론을 공부할 때는 원리를 이해하는 쪽보다는 상상을 키우는 일에 더 재미를 붙였다. 서너 페이지에 걸친 물리학자들의 공식과 풀이는, 마치 햇빛이 비치는 창가에 걸린 얇은 커튼을 살랑살랑 흔드는 바람 소리, 그 소리를 받아 적은 악보 같다고 생각했다.

그래도 공부하며 만나게 된 새로운 세계도 있었다. 일상의 현상에서 법칙을 발견해 온 과학자들의 분투는 감동이었다. 그들은 끝없는 호기심으로 세상을 관찰하고 상상하며 머릿속 실험실을 지어 가상 실험을 했다. 그런 실험에서 시작하여 결국 망원경을 개발해 천체를 관측하고, 입자가속기를 만들어 원자핵의 구조를 알아냈다. 그들은 장벽에 부딪히면 머릿속 낡은 실험실을 허물고 새로운 실험실을 세우고 또 허물기를 반복했다. 수백 년을 이어 온 과학의 역사, 그 과정은 매우 경이롭고 흥미로웠다.

특히 중력을 공부할 때는 마당에 있는 살구나무에서 살구가 떨어지는 것이 새삼스럽게 느껴졌다. 그 전까지 내게 살구는 매년 때가 돼서 익으면 그냥 떨어지는 열매였을 뿐이었다. 그런데 다시 보니 살구 가지에 꽃망울이 터지는 것도 예사롭지 않고, 꽃잎이 진 자리에 조금씩 다른 크기로 다닥다닥 열매를 맺는 것도 신기하고, 열매의 크기와 위치에 따라 땅에 떨어져 부딪히는 소리에 조금씩 차이가 생기는 것도 놀라웠다. 밤새 비가 내린 날 아침, 마당에 나가 보면 살구가 잔디 위 여기저기에 잔뜩 떨어져 있었다. 내가 잠든 사이 비, 바람, 살구나무, 살구, 잔디밭, 화단석 사이에 무슨 일이 있었던 걸까? 데굴데굴 구르다 멈춘 살구의 위치를 보면서 상상했다. 무엇보다 잔디 위에 떨어진 살구의 위치는 자연스러웠다. 그림 그릴 때마다 매번 '자연스럽게'를 되뇌어 왔는데, 그 말이 실감 나게 다가왔다. 한동안 뜰에 떨어진 살구를 감상하면서 일상도 차츰 새롭게 보이고 마음속 허전함도 엷어져 갔다.

거대한 우주와 미세한 원자의 세계에서 생명의 진화로 훑어 갔던 공부는 당연히 생각해 온 일상을 되묻게 했다. 그러다가 공부 모임이 일단락 지어지던 2010년 겨울, 고생물학자인 스티븐 제이 굴드(Stephen Jay Gould, 1941~2002)가 쓴 『생명, 그 경이로움에 대하여』(김동광 옮김, 경문사, 2004)의 마지막 장, 「피카이아에 관한 에필로그」를 읽고 『피카이아』를 구상하기 시작했다. 후기를 읽으면서 마치 금지된 불온서적을 몰래 손에 쥔 것처럼, 가슴이 두근두근 쿵쿵 내려앉던 기억이 난다. 한 구절을 인용하면 다음과 같다.

"만약 여러분이, 왜 인간이 존재하는가라는 해묵은 물음을 제기한다면, 과학이 다룰 수 있는 문제의 측면에서 볼 때 그 답의 가장 중요한 핵심은 다음과 같을 것이다. 그것은 피카이아가 버제스 격감을 이겨내고 살아남을 수 있었기 때문이다."(『생명, 그 경이로움에 대하여』, 501쪽.)

굴드는 후기에서 피카이아가 살아남은 것을 '우연성'으로 이야기한다. 그 말이 함축하는 것에 공감하면

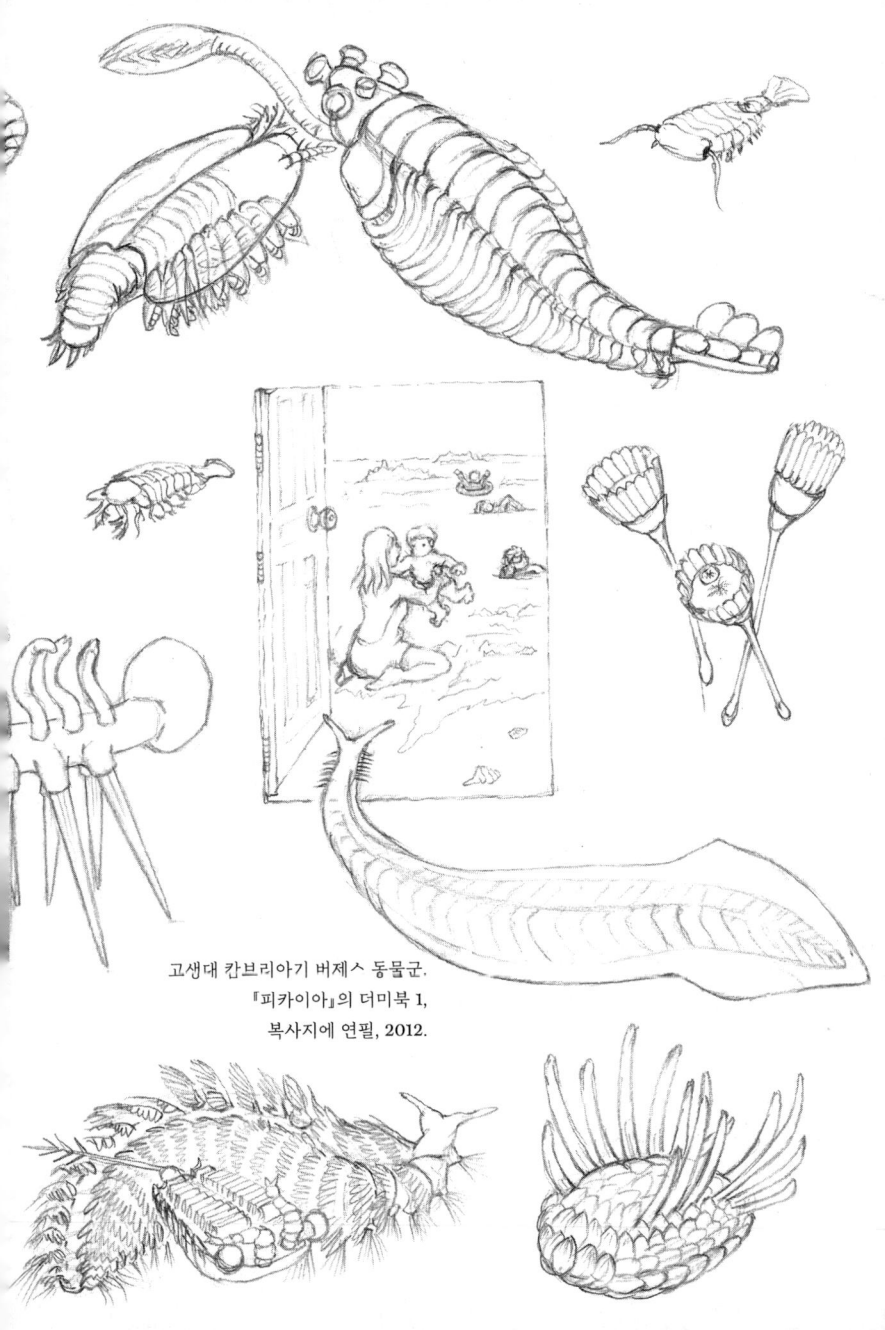

고생대 캄브리아기 버제스 동물군.
『피카이아』의 더미북 1,
복사지에 연필, 2012.

서 글쓰기를 시작했고, 여섯 개의 이야기를 만들어 『피카이아』를 구성했다. 『피카이아』는 어려움을 버티고 살아남는 어린이들의 이야기이면서, 모든 일이 부질없고 허망하다는 생각을 치유해 갔던 내 이야기이기도 하다. 『피카이아』의 부록에 실은 인터뷰에서 나는 이렇게 말했다.

"고생대 캄브리아기에 버제스 동물군이 폭발적으로 생겨났다가 그 후에 한꺼번에 멸종되었다고 합니다. 피카이아는 그 힘든 시기를 견디고 살아남았어요. 우월해서 살아남은 건 아니었어요. 중요한 건 피카이아는 그저 '살아남았다는 것'입니다. 그 작은 동물이 진화해서 척추동물과 인간이 생겨날 수 있었지요.

누구에게나 살아가면서 힘든 시기가 있을 거예요. 그걸 견뎌 내는 것만으로도 굉장히 의미 있어요. 다른 사람보다 우월해야만 견디고 살아남을 수 있는 게 아니라는 것을 강조하고 싶습니다. 누구나 지금 이 세상에 존재하는 것 자체가 소중합니다. 그것만으로도 이후의 삶에 많은 가능성을 품고 있으니까요. 앞으로 세상을 새롭게 바꿀 힘이 생길 수도 있지요. 피카이아처럼요. 그래서 그런 가능성을 무한하게 가지고 있는 아이들이 사랑스럽다고 말한 것입니다."

그림책이 아닌
그림책

순천에 있는 동안 생각이 일 때마다 작업 노트에 메모를 해 두고 책 읽기 프로그램을 진행할 때의 일도 기록했다. 이후 과학 공부를 시작하면서 낯설게 보였던 일상도 적어 놓았다. 그리고 『피카이아』를 구상하면서는 생각이 많아져서인지 그림 작업보다 글을 먼저 썼다. 글이 꽤 쌓이자 앞서 작업했던 그림책들과 다르게 글을 중심에 두고 그림은 그보다 적은 책으로 만들면 어떨까 싶었다. 그러려면 글이 읽을 만해야 하는데 긴 글을 써 본 경험이 많지 않았던 나는 걱정이 앞섰다. 다행히 출판사 창비에서 가편집한 글과 그림을 보고는 출간을 제안해 왔다. 이참에 편집자의 도움을 받아 글쓰기를 배우자고 마음먹었다. 글쓰기가 많이 서툴렀던 나를 믿어 주고 출판을 추진했던 김소영 편집자에게 지금도 감사한 마음이다. 당시 편집자가 나를 격려하며 했던 두 가지 말이 기억난다. 가제본에 쓰인 글이 마치 그림을 보는 듯 구체적이어서 신선했고, 과학적 발견과 문학적 상상력을 결합했다는 점에서 흥미롭다는 것이었다.

책에는 매일 아무렇지도 않게 여기며 지내 온 일상을 새롭고 낯설게 보는 글과 그림을 담았다. 내가 직접 경험한 것들, 인터넷에서 찾아 읽은 기사들, 선생님들께 들었던 학생들 이야기, 공부하면서 알게 된 과학 지식이 토대가 되었다. 잔디밭에 굴러떨어진 살구처럼 새롭게 보이는 일상이 하나하나 늘어 갔다. 나는 바퀴벌레만 나오면 살충제를 집으러 뛰어가는 내게 다시 물었다. 어둠 속에서 불을 켜면 재빠르게 숨어 버리는 바퀴벌레를 나는 왜 그리 무서워하고 미워했을까? 인간은 뼈가 몸 안에 들어가 있고 바퀴벌레는 반대로 뼈가 몸 밖으로 나와 딱딱한 껍질이 됐을 뿐이라는데, 그들을 흉측하게 여기는 우리의 태도는 언제 어디서부터 비롯된 것일까? 이롭고 해로운 것을 기준으로 판단하고 살상했던 나의 오만함에 대해 겸허하게 반성한 적이 있었던가? 나는 살충제 세례를 맞고도 한동안 더듬이로 허공을 휘젓는 바퀴를 볼 때마다 소름이 끼쳐서 그 위에 작은 상자를 며칠씩 덮어 두곤 했었다. 그러다 『피카이아』 작업을 시작한 후, 보고 그리려고 아주 커다란 바퀴를 잡아서 돋보기로 관찰한 적이 있다. 세상에, 이렇게 신비로울 수가! 바퀴벌레의 더듬이에 새겨진 작은 칸들은 많은 데이터를 저장한 기억장치 같았고, 껍질 안에 접혀 들어간 얇은 날개는 공포와는 거리가 먼 아름다움 그 자체였다.

마트에서 사 온 백숙용 닭이 뭇 동물들의 표본처럼 살가죽과 잘린 뼈마디를 드러낸 채 아무렇지도 않은 듯 쟁반 위에 놓여 있다. 당당하게 내민 가슴에 공손한 앞날개, 통통한 엉덩이와 뒷다리살은 사람과 그대로 닮았다. 그러고 보면 푸줏간에 걸린 분홍색 돼지 엉덩이와 뒷다리 역시 사람의 것과 많이 비슷했다. 고양이가 턱을 뒤로 젖힐 때마다 보이는 삼각형 모양의 아래턱은 뱀이나 개구리의 턱과 비슷하고, 심지어 옆에 누운 남편의 턱과도 크게 달라 보이지 않았다. 하루는 신문에서 사진작가 스펜서 튜닉(Spencer Tunick, 1967~)의 작품 〈알레치 빙하2〉(Switzerland, Aletsch Glacier2, 2007)를 보고는 인터넷에서 더 검색해 보았다. 수백 명의 사람들이 나체로 부두 하역장 바닥에 누워 있는 모습은, 언뜻 보면 사람이 아니라 분홍색 돼지 떼가 모여 있는 것 같았다. 인간을 새롭게 보게 하는 사진이었다.

『피카이아』의 더미북 2,
원화 밑그림, 복사지에 연필, 2012.

『피카이아』의 한 에피소드 제목처럼 '인간도 자연이고 동물이다.' 인간의 유전자에는 그것에 앞서 지구상에 생겨났던 생명체들의 유전자가 모두 들어 있다. 내 몸의 유전자도 닭, 돼지, 고양이, 뱀, 개구리의 유전자와 많은 것을 공유하고 있다. 구제역이 발생하면 땅을 파고 비닐을 깐 후, 사육하던 수십만 마리의 돼지를 산 채로 묻어 버린다. 그 광경을 보고 아무렇지도 않은 사람은 아마 없을 것이다. 생각해 보면, 먹다 남은 고깃덩어리가 음식물 쓰레기통으로 들어가는 일 역시 불편하기는 마찬가지다.

어느 이른 봄날, 달리는 시내버스 뒷좌석에 앉아 창밖을 바라보는데 플라타너스가 눈에 들어왔다. 나무마다 매년 잘려 나간 가지의 상처를 감싸며 생긴 커다란 옹이들이 있었다. 울퉁불퉁 둥그렇게 겹겹이, 뭉글뭉글 부풀어 더 단단하게 절단면을 감싸고, 그런 옹이 옆으로 새 가지가 나고 있었다. 순간 울컥했다. 나무의 세포들이 저 밑의 뿌리로부터 열심히 영양분을 끌어올려 상처 입은 몸을 치유하고 새 가지를 돋아 내고 있구나! 그때 받은 느낌을 바탕으로, 에피소드 「인간은 치유하며 성장한다」를 구상했다. 첫 장은 옹이가 있는 커다란 플라타너스로 화면을 가득 채웠다. 나는 잔디밭 위에 누워 햇볕을 쬐고 있는 윤이에게 마음의 상처를 머리 안에서 부풀려 자신을 가혹하게 괴롭히지 말고, 내 몸이 간직하고 있는 생명의 힘을 믿고 견뎌 보자고 말하고 싶었다.

35억 년 전, 바다에 산소가 없었을 때 햇빛을 받아 스스로 광합성을 하며 지구의 산소를 만들어 낸 스트로마톨라이트 미생물의 이야기는 미정이를 주인공으로 한 에피소드 「인간은 함께 살아간다」의 바탕이 되었다. 미정이는 하루 대부분을 학교의 성적 경쟁에 소비하는 것이 최선인 양 자신을 내모는 어른들에게, "스스로의 생명 활동으로 남을 이롭게 하는 것, 아마도 생명은 처음부터 그렇게 시작되었을 거야"라고 속엣말을 한다. 그 어떤 가치도 생명 활동 자체보다 우선하지 않는다는 사실을 미정이로 하여금 대변하게 하고 싶었다.

여섯 개의 에피소드는 모두 상처를 안고 있는 여섯 명의 어린이들이 가정, 학교, 사회에서 피카이아처럼 버티고 살아남아 새로운 가능성을 펼쳐 보이길 바라는 마음으로 꾸렸다. 그런데 여섯 가지 이야기를 '피카이아'라는 제목 아래 모아 내는 것이 글을 쓰는 내내 어려웠다. 지금 책을 펼쳐 봐도 주제를 드러내는 방식이나 표헌법 모두 서툴렀다. 그림책을 어린이만 보는 것은 아니니 이 책만큼은 어른이 읽어도 좋겠다고 생각했지만 뜻 같지 않았다. 아무래도 부모 입장에서는 선뜻 집어 들어 어린이에게 권하기 쉽지 않았을 것이다. 책이 출간된 후에 새로운 형식과 낯선 내용에 공감하며 의미를 부여해 주는 독자들도 있었다. 그러나 세포, 유전자, 캄브리아기, 피카이아 등 과학책에서나 만날 법한 용어와 상처 입은 어린이들의 사연, 게다가 어른의 잘못을 거듭 들춰내는 이야기에 독자들의 마음이 편할 리 없었을 것이다. 137쪽이나 되는 두꺼운 이 책을 두고 사람들은 그림책도 동화도 소설도 에세이도 아니라고 할지 모르지만, 나는 감히 새로운 형식의 그림책이라고 주장하고 싶은 마음이다. 내게 『만희네 글자벌레』가 그림에 대한 고민을 낳게 한 책이라면, 『피카이아』는 글에 대해 고민하게 만든 책이었다. 어린이와 사회구조의 관계를 연관 지어 생각하게 했고, 이후 작품에서 사회구조를 좀 더 깊이 있게 들여다보도록 이끌었다.

　　나는 지금도 매번 헤매고, 좌절하고, 세우고, 허물기를 혼란스럽게 반복하고 있다. 그래도 『피카이아』의 경험은 이후 『나무 도장』과 『씩스틴』의 글을 쓰는 데 도움이 되었으니, 어떤 시간도 순전히 헛되지만은 않은가 보다.

9

생각이 다른
사람들

다시
섬으로

2012년, '평화를품은집'♦의 명연파 집장님과 황수경 관장님이 우리 집을 방문하셨다. 두 분은 평화를품은집과 함께 '평화를품은책'이라는 작은 출판사를 운영하시는데, 그날은 내게 제주 4·3♦♦과 관련한 그림책을 제안하기 위한 자리였다. 당시 군인이 쏜 총에 턱을 잃고 평생

♦ 2014년 파주 파평면에 설립된 복합 공간이다. 평화 도서관, 제노사이드 역사 자료관, 평품소극장 등이 있다.
♦♦ 1947년 '관덕정 발포 사건' 이후 1954년 '한라산 금족령 해지'까지, 무장대와 토벌대 사이의 무력 충돌과 토벌대의 진압 과정에서, 당시 제주 인구 열 명에 한 명꼴인 2만에서 3만 명의 주민들이 희생당한 사건을 말한다.

무명천을 얼굴에 감고 사셨던 무명천할머니 이야기를 해 보면 어떻겠냐고 하셨다.

『피카이아』의 글과 그림을 출판사에 넘기고 난 2013년 6월, 노란 손바닥선인장 꽃이 제주 월령리 바닷가의 검은 바위를 뒤덮을 무렵, 무명천할머니가 생전에 사셨던 작은 집을 찾아갔다. 그곳에는 할머니의 살림살이가 그대로 놓여 있어서 방안에 앉으니 마치 잠시 마실 나간 할머니를 기다리고 있는 것만 같았다. 답사를 하고 돌아왔지만, 관련 자료를 찾아 읽을수록 할머니 개인사를 중심으로 이야기를 풀어내기에는 4·3이 너무나 거대하다는 생각이 들었다. 내 관심은 4·3을 둘러싼 역사적이고 사회구조적인 환경 쪽으로 기울고 있었다.

2014년 4월 2일, 4·3 유적지를 답사하기 위해 다시 제주행 비행기에 올랐다. 수렁으로 빠져드는 듯한 답답함 때문에 택한 길이었다. 이번 답사에서는 어떻게든 그림책의 얼개를 세워야 한다는 초조감이 밀려 오고 있었다. 해방과 단독정부 수립, 분단과 전쟁, 그 배경을 이루던 미국과 소련 중심의 이념 대립. 제주 4·3은 그 소용돌이의 한가운데 자리 잡았던 사건이다. 그리고 그 여파는 오늘날까지도 한국사회 내부에서 벌어지는 다양한 갈등과 대립 속에 깊이 스며 있었다. 그런 생각을 하며 비행기 창밖을 내려다보다가 문득, 나 역시 제주라는 섬으로 들어가고 있는 '육지 것들'이라는 생각이 떠올랐다. 꽉 막힌 머릿속이 환해졌다. 미군과 서북청년단, '육지' 경찰과 '육지' 군인들이 바다를 건너 제주도로 들어오는 광경, 이어서 빨갱이라는 이유로 죽어 나가는 수많은 제주 사람들의 모습이 보였다. 나는 노트를 꺼내 그림책의 큰 얼개를 짜고 취재 계획을 세웠다.

사실 4·3을 그림책으로 다뤄 보기로 한 데에는 또 하나의 계기가 있었다. 2013년 봄, 비가 부슬부슬 내리던 날이다. 일본에서 한국 아동문학을 연구하시는 나카무라 오사무(仲村修, 1949~) 선생님과 인사동에서 만나 저녁을 먹고, 정류장에서 버스를 기다리고 있을 때였다. 나카무라 선생님께서 내게 해 줄 이야기가 있다고 하셨다. 오늘 같이 비가 내리던 날 답사차 제주 너븐숭이4·3 기념관을 방문한 적이 있는데, 기념관 앞 '애기무덤'에 내 책 『시리동동 거미동동』이 있었다고 한다. 애기무덤 주변에는 지금도 아기가 좋아할 만한 물건들을 누군가 갖다 놓는데, 책을 보면서 선생님은 그 책이 빗물에 녹아 아기에게 흘러 들어가겠구나 생각하셨단다. 순간, 이야기를 들으며 몸에 소름이 끼쳤다. 시리가 나카무라 선생님을 통해, 이제 4·3을 이야기해 달라고 하는가 보다 싶었다.

제주 답사를 마치고 집에 돌아와 비행기 안에서 메모했던 단상을 실마리 삼아 이야기를 써 나가기 시작했다. 주인공 이름은 자연스럽게 '시리'가 됐다. 글을 완성할 무렵 시리 대신 제주의 오름 중 예쁜 이름 하나로 바꿔 볼까도 고민했지만, 시리보다 마음에 드는 것을 찾지 못했다.

『시리동동 거미동동』을 만들 때만 해도 나는 제주의 많은 남자들이 뱃일하다 사고로 세상을 떠났다고 여겼다. 4·3을 공부하고 나서야 사람들이 그때 훨씬 많이 희생되었다는 것을 알았다. 엄마와 둘이 사는 어린 시리는 새 책 『나무 도장』에서 중학생이 된 시리로 등장한다. 의도했던 것도 아닌데 신기하게도 『시리동동 거미동동』과 『나무 도장』의 몇몇 부분들은 마치 조각 맞추기의 조각들처럼 서로 잘 맞물리는 관계가 되었다.

2013년 당시만 해도 그림책에 4·3을 담겠다는 나를 걱정스럽게 바라보는 사람들이 많았다. 나 역시 4·3을 언급하는 것만으로도 빨갱이로 몰던 지난 세월을 의

『나무 도장』의 더미북 4,
원화 밑그림, 화선지에 먹, 2014.

식하며 자기 검열을 하지 않을 수 없었다. 그런데 책을 준비하면서 정작 무서웠던 것은 국가 정보기관이 아니라 귀신이었다. 제주에는 어느 마을 하나도 희생을 피해간 곳이 없었다. 팽나무, 돌담, 밭담, 동굴, 폭포, 바닷속, 모래사장 등 제주의 곳곳이 학살터였다. 마을이 통째로 사라진 곳도 있었다. 중산간에 집을 얻어 한 달간 살며 취재를 해야겠다고 마음먹었는데 점점 두려워지기 시작했다. 평소에도 겁이 많아 밤에는 세수할 때도 눈을 못 감는데, 동굴에도 들어가고 학살터도 둘러봐야 한다는 생각에 공포가 앞섰다. 그즈음 4·3평화공원 분향소에 갔을 때의 기억이 선명하다. 안에 들어서자 검은 명패에 쓰인 흰색 글자들이 내 눈에 꽂히듯 들어왔다. 위아래, 좌우로 몸을 돌려야만 다 볼 수 있을 만큼 많은 희생자 명패들을 마주하자 울컥했다. 나는 분향하면서 '여러분께 누가 되지 않도록 잘 해낼 테니 무섭지 않게 도와주세요' 하고 빌었다. 그 후로 답사와 작업을 잘 마칠 수 있었으니, 영령들이 도와주신 게 틀림없었다.

안과 밖,
피해자와 가해자

역사적 사건과 관련한 자료를 읽다 보면 꼬리에 꼬리를 물고 질문이 인다. 현재의 생각으로 과거를 판단하기보다 과거로 돌아가 그때의 시선으로 현재를 바라보는 게 의미 있지 않을까? 어떻게 하면 사건이 벌어졌던 그 시공간으로 옮겨 갈 수 있을까? 과연 지금의 우리는, 각자 새로운 사상으로 새로운 나라를 만들어 보겠다고 꿈꾸던 그때 그 사람들의 내면을 이해할 수 있을까? 질문의 답을 찾기 위해 증언집, 역사 기록, 연구 논문 들을 읽어 나갔다. 그러면서 당시의 말들, 이를테면 자주독립, 산사람, 인민, 공산주의, 서북청년단, 미군정 같은 용어부터 다시 이해해 보려고 노력했다.

특히 도움을 많이 받은 자료는 양정심의 책 『제주4·3항쟁: 저항과 아픔의 역사』(선인, 2008), 한림화의 장편소설 『한라산의 노을』(한길사, 1991/ 장천, 2016), 제주4·3평화재단 홈페이지에 공개된 『제주4·3사건진상조사보고서』와 『제주4·3사건자료집(관보편, 군경자료편, 미국자료편)』 그리고 희생자와 목격자 들의 증언록이다. 자료를 읽으며 해방 후 일본에 갔던 사람들이 고향 제주로 어떻게 돌아왔는지, 미군과 육지 군인, 서북청년단, 경찰은 언제, 몇 명이나, 무슨 이유로, 무엇을 타고 제주에 왔는지, 당시 제주도민들의 옷차림과 인상은 어떠했는지 등을 살폈다. 그리고 제주4·3평화재단 자료실에서 받은 사진과 영상 자료, 제주 우당도서관 향토자료실의 사진첩 등을 참조해 이미지를 구체적으로 만들어 갔다. 1948년 5월 1일, 미군이 촬영한 '오라리 방화사건' 기록 영상은 당시 상황을 상상하는 데 큰 도움을 받았다. 이 영상에는 관을 짜고 시신을 염하는 주민들, 마을로 들어가는 경찰차들, 불타는 초가집 돌담 앞으로 총을 메고 뛰어가는 경찰들, 다리를 절룩이면서 밭으로 걸어 들어가는 주민들, 아이를 안고 있는 아낙과 할아버지의 모습 등이 담겨 있다.

　　서울역사박물관, 부산근현대역사박물관에서 해방 후에 귀국하는 사람들의 사진 자료도 카메라로 찍어 왔다. 커다란 짐보따리를 여러 개씩 메고 고향 찾아 돌아오는 사람들을 보고 있으면 눈물이 났다. 36년 일제강점기가 끝나면서 그들은 어떤 꿈을 꾸었을까? 이렇게 나라가 분단된 채 70년 세월이 흐르리라는 것을 예상했

1945년 12월 28일 오전 7시, 그린 대령 지휘로 제주도로 출발한 일본군 항복 접수팀의 모습.
『나무 도장』의 더미북 1, 원화 밑그림, 화선지에 먹, 2014.

을까? 아니 불과 3년 후 4·3으로 수많은 사람들이 희생될 줄 상상이나 했을까? 일본이 물러간 자리에 미군이 들어앉게 될 줄을, 일제에 붙어 권력과 부를 누리던 사람들이 다시 미군정에 붙어 독립운동가를 빨갱이로 몰아 잡아들이게 될 줄을 알기나 했을까? 도대체 국가는 무엇을 하는 존재인가? 1948년 겨우내 한라산에서 잡아 온 '산사람'들의 사진 속 옷차림과 인상은 추위에 굶주리고 겁에 질린, 바람처럼 가볍기만 한 사람들의 것이었다.

매일 자료를 보면서 당시 상황을 머릿속에 그렸더라도 막상 작품을 구상하다 보면 다시 질문이 생겼다. 어떻게 하면 개인의 일상을 역사적 맥락과 연결해 보여 줄 수 있을까? 나는 한편으로, 당시 국제정세나 한반도의 정치 상황과 연결된 구조적인 문제가 중요하다고 여겼다. 그러나 다른 한편으로는, 역사의 커다란 뜰채를 빠져나가 홀로 고민하고 갈등하며, 그러다가 끝내 구조를 바꾸기도 하는 개인들을 놓치고 싶지 않았다. 이것은 『꽃할머니』를 만들면서도 고민했던 문제였다. 『나무 도장』의 초반부에 뭍사람들이 차례로 바다를 건너오는 장면이 역사의 뜰채로 건져 올린 굵직한 사실이라면, 시리와 엄마, 외삼촌 같은 제주 사람들은 그 뜰채를 빠져나가는 세세한 개인이다. 양자 관계를 잘 드러낸다면 고착된 이념을 넘어 생명과 인권, 평화라는 보편적 가치에 새롭게 다가갈 수 있을 것이라고 기대했다.

    책을 완성할 때까지 가장 풀기 어려웠던 점은 좌우의 이념 대립을 넘어 4·3을 바라보는 일이었다. 4·3을 접하면서 처음 일었던 감정은 분노가 중심이어서 고발, 정의감 같은 단어들이 먼저 떠올랐다. 역사의 한 켠을 깊이 들여다보게 되면 새로운 사실을 발견하고, 이를 잘 몰랐던 스스로를 반성하며 잘잘못을 가려보게 되고, 그것을 널리 알려야 한다는 의무감에 사로잡히기도 한다. 그러나 안에서 직접 그 일을 겪은 사람들이나 문제 해결을 위해 오랫동안 고민해 온 사람들을 만나 보면 바깥에서 들여다볼 때의 내 시선이 얼마나 편협했는지도 깨닫게 된다. 다섯 번째 더미북을 들고 제주를 찾았을 때였다. 제주의 '그림책연구회'와 '그림책미술관시민모임'에 속한 분들을 만나 의견을 들을 기회가 있었다. 육지에서의 시각과 달리, 4·3이 아직도 그들의 삶 속에 여러 감정으로 이리저리 뒤엉킨 채 날이 서 있는 모습을 보면서, '그래서 나는 이 책을 통해 무엇을 이야기할 것인가?' '내가 생각한 진실과 정의는 과연 있기는 한 걸까?' 하는 질문을 품게 됐다. 그분들을 만난 후 혼란스러운 마음을 정리할 겸 한라산에 올랐다 내려오면서 실마리를 찾았다. 4·3의 피해자와 가해자, 좌우 대립의 틀을 구분하고 고발하는 것을 넘어서, 오히려 해방 후 탄압에 저항하고 5·10 선거를 무효화시킨 제주 사람들이 얼마나 대단했는지, 4·3의 희생을 겪고 특별법 제정과 국가의 사과를 끌어냈으며, 이후 평화의 섬으로 거듭나려는 제주도민의 노력이 얼마나 감동적인지를 중심으로 방향을 잡아야 한다고 생각했다. 이는 제주 사람들의 이야기를 들어가며 얻은 소중한 관점으로 책의 길잡이가 되었다.

제주가
꿈꾼 것

『나무 도장』을 그리면서 가장 설렜던, 그래서 공을 가장 많이 들였던 장면은 해방을 맞아 고향으로 돌아오는 사람들, 새로운 세상을 꿈꾸던 사람들의 모습이다. 그림을 보면 아기 업은 엄마, 모자 쓴 여자아이, 그 뒤로 여성 두 명이 눈에 먼저 들어온다. 엄마는 앞을 보고 가지만 두 명의 여성은 앞도 뒤도 아닌, 저 멀리 어떤 세상을 꿈꾸듯 바라보며 웃음을 머금고 걸어간다. 이 두 여성은 당시를 담은 사진집을 참고해서 그렸다. 1946년 6월 5일이 박힌 흑백사진으로, 베이징에서 인천으로 돌아와 귀환자 수용시설에서 다른 곳으로 이동하기를 기다리며 짐 위에 앉아 있는 모습이었다. 퍼머를 한 긴 단발머리에 핀을 꽂아 멋을 내고, 밝은 꽃무늬 치마에 자켓을 입고는 수줍게 웃고 있었다. 다른 한 여성은 보슬보슬한 스웨터 안에 하얀 깃의 블라우스를 받쳐 입고 웃음을 가득 머금은 채 사진 찍는 이를 바라보고 있었다. 두 여성 외에도 고향으로 귀환한다며 양복을 차려입고 중절모 쓴 남자들, 보따리와 트렁크를 쌓아 놓고 앉아 있는 젊은 부부, 그 옆 양단 꽃무늬 치마저고리에 구두를 신은 어린이, 더블단추 모직 코트를 입은 어린이가 담긴 사진도 참고했다. 귀향을 기다리는 그들의 모습에서 나는 그들의 꿈을 읽었다.

    그 그림 속 사람들은 화면 왼쪽에서 오른쪽으로 고향을 향해 들어오는데 다음 장을 넘기면 사람들이 왼쪽 방향을 향해 맞서 있다. 관덕정 광장에 모인 사람들 모두 "남녀가 평등하게 손잡고 가는 시대, 자유로운 나라, 모두 잘사는 세상을 꿈꾸었고, 꿈은 광장에 모인 사람들 가슴에도 넘쳐났다. 사람들은 파도가 되어 거세게 출렁거렸다."

해방 직후부터 1948년까지의 제주는 다양한 가능성이 폭발하듯 터져 나오던 곳이었다. 우리말, 우리 역사를 가르치려는 열망은 지역 사람들이 땅을 내놓고 학교를 세우는 일로 번져 나갔다. 나라가 둘로 갈라지는 것은 꿈에도 생각지 못했고, 대한민국이라는 이름으로 남쪽의 단독정부가 들어서려 하자 이에 반대하는 움직임도 일어났다. 교실에서 교사가 애국가 마지막 구절을 "대한 사람 대한으로 길이 보존하세"라고 부르면 학생들이 "조선 사람 조선으로 길이 보존하세"로 고쳐 부르기도 했다는 기록도 남아 있다. 어느 초등학교 앨범에 실린 1947년 가을 운동회 사진에는 동네 사람들이 어울려 춤추고 노래하는 모습으로 운동장이 떠들썩해 보인다. 나는 이 사진을 참고해서 당시 마을 공동체의 분위기를 『나무 도장』에 재현해 보았다.

무려 7년 7개월에 걸친 한라산 금족령이 풀리고 4·3이 완전히 종식된 1953년 즈음, 마을마다 공동체는 무너지고 피해자와 가해자 사이에 깊은 갈등의 골이 패였다. 학교에서는 반공 웅변대회가 열렸고, 거리마다 반공 방첩 현수막과 표어 간판이 건물을 뒤덮었다. 제주도민들은 자신이 빨갱이가 아님을 증명하며 살아야 했고, 아무도 4·3에 대해 이야기할 수 없었다. 1960년 4·19혁명이 일어난 후 잠시 진상규명에 대한 요구가 있었지만, 다음 해 5·16쿠데타가 터지면서 쑥 들어가 버리고 피해자들은 다시 혹독한 세월을 보내야 했다.

『나무 도장』은 이런 사회적 맥락이 엉켜 있는 1960년 1월 중순을 시간 배경으로 삼았다. 엄마는 어릴 적 시리가 숨어 있던 동굴로 시리를 데려가 돌아가신 친부모님 이야기를 해 주면서 그때 시리가 손에 쥐고 있던 나무 도장을 건넨다. 이 이야기는 4·3 중에 가족을 잃은 여성이 고아가 된 여자아이를 품에 거두고, 피해자와 가해자, 혈연과 가족애가 복잡하게 얽힌 인간관계 속에서도 꿋꿋하게 살아가는 모습을 전해준다. 또한 '나무 도장'은 그 시절을 견뎌 낸 제주 사람들의 생명력을 상징하는 물건이기도 하다.

외삼촌이 동굴에서 시리를 구하는 설정은 빌레못굴 이야기를 모티프로 삼았다. 본래는 세상에 나온 지

일곱 달밖에 안 된 아기가 토벌대의 손에 잔인하게 죽임을 당하는 내용이지만, 나는 『나무 도장』에서 그 아기를 세 살 된 어린 시리로 살렸다. 당시에 벌어졌던 끔찍한 학살 사건들을 좇아가다 보면 인간의 잔인함 앞에 깊은 좌절감을 느낀다. 그러나 그 지옥 같은 학살의 역사 속에서도 실낱같은 인간애의 희망을 발견한다. 증언집을 살펴보면 학살 명령에 저항했던 사람들이 있었다. 부당한 명령이라고 거부했던 군인들이 있었고, 마을 사람들을 살린 경찰도 있었고, 학살의 순간에 일부러 총을 비켜 쏘거나 확인 사살을 할 때 방아쇠를 당기지 않은 사람들도 있었다. 인간이 이렇게 폭력적일 수 있다는 데도 놀랐지만, 그런 상황에서 생명을 저버리지 않는 태도에 더 놀라웠다. 인간의 선함을 드러내고 부추기는 것이 폭력을 고발하는 것만큼이나 소중한 일이다. 『나무 도장』에서 경찰인 시리의 외삼촌은 좌우 대립의 벽을 넘어 인간의 선한 본성을 좇으려고 애쓰는 인물에 속한다. 독자들은 아마도 평생 마음에 부담을 안고 살아가는 그에게 감정을 이입하고 가슴 아파하리라.

　4·3이 벌어지고 70년 넘게 세월이 흘렀다. 해방 후 제주 사람들이 꿈꾸었던 가치들이 4·3의 행간 속 여기

저기에 파편처럼 박혀 있다. 지금 다시, 우리가 침묵하며 묻어 두었던 이야기, 빠트리거나 애써 지워 버린 이야기 속에서 그 파편들을 찾아내 4·3을 더 다양한 층위로 이해하고, 우리의 꿈으로 복원해야 하지 않을까.

제3의
선로

언제나 작업 막바지에 이르러 화판 앞에 들러붙어 있을 때면, 책이 나오는 대로 기차 타고 여기저기 바람 쐬러 다니겠다고 벼른다. 고통스러운 시간을 버티다가 일을 끝내고 날아갈 듯한 마음으로, 그동안 작업하느라 뜸했던 강연을 몰아 다니며 독자들을 만난다. 새 책에 대한 반응이 어떤지, 내가 의도했던 부분들이 잘 전달되는지 궁금하기도 하고, 책을 만드는 동안 고민했던 지점을 같이 나누고 싶기도 하다. 『나무 도장』 출간 후에는 강연을 다니면서 공통적으로 독자들에게 세 가지 질문을 던져 보았다.

첫째, 군인이나 경찰이 상관의 명령에 따라 운동장에 모인 마을 사람들을 트럭에 싣고 가는 그림을 펼쳐 보인다. "여러분이 군대에 갔다고 해 봐요. 근데 이 그림에서처럼 마을 사람들을 총살하라는 명령이 떨어지면 어떻게 할 건가요?" 질문을 던지면 대부분 난감한 표정으로, 어쩔 수 없이 총을 쏠 것 같다고 대답한다. "혹시 다르게 생각하는 사람 있어요?" 이렇게 다시 물으면 그때부터 다양한 대답이 나온다. "군인들이 명령한 상관을 쏠 수 있지 않나요?" "마을 사람들과 군인들이 합세해서 명령자를 처벌해요." "총을 쏘지만, 발처럼 맞아도 죽지 않는 곳을 쏴요." "총을 가슴에서 빗겨서 쏴요." "총을 쏘는 척해요." 한번은 한 학생이 "사람들을 쏘고 자살해요"라고 했다가, 다른 학생들로부터 "그냥 너만 죽으면 되거든?"이라고 핀잔을 들은 적도 있다. 이런 대답들에는 고맙게도 어떻게든 사람을 살리고 싶다는 마음이 담겨 있다. 나는 다 듣고 나서, 사례를 들어 실제로 그렇게 행동한 사람들이 있었다고 말해 준다.

둘째, 학살 현장에 다시 찾아가 시리를 구해 온 외삼촌이 잠든 시리 옆에서 비통해하는 그림을 보여 주며 질문한다. "시리는 자신의 친부모 학살 현장에 있었던 외삼촌을 용서할 수 있을까요? 가해자와 피해자가 서로 화해할 수 있을까요? 가해자는 자신의 잘못을 인정하고 사과할 수 있을까요?" 이에 대한 대부분의 대답은, 가해자는 결코 잘못을 인정하지 않고 사과하지도 않을 것이라는 쪽이다. 나는 다시 묻는다. "그러면 어떻게 해야 사과하게 할 수 있을까요?" 강연장 곳곳에서 한숨 소리가 들려온다. 과거의 가해자가 지금도 권력과 부를 얻어 더 잘살고, 피해자들의 요구쯤이야 가볍게 무시해 버리는 우리 사회의 한 모습이 떠올라서일지 모른다. 이 문제는 나도 대답하기 어렵다. 다만 대량학살이 일어났던 나라에서 가해자들이 사과하고 화해했던 예들을 들려 줄 수 있을 뿐이다.

셋째, 미국의 심리학자 스티븐 핑커(Steven Pinker, 1954~) 교수가 이야기한 '달리는 기차' 비유를 들어 질문한다. "달리는 기차가 선로의 좌우 분기점에 서 있어요. 왼쪽으로 방향을 틀면 열 사람이 죽어요. 오른쪽으로 틀면 한 사람이 죽고요. 그러면 기차는 어느 쪽으로 가야 할까요?" 몇 명이 자그마한 소리로 "한 명이 죽는 곳으로 가요"라고 답한다. 나는 다시 이렇게 묻는다. "그 한 명이 만약 여러분의 엄마라면요? 제일 친한 친구라면요?" 그제야 "기차를 멈춰요." "기차를 되돌려요." "다른 길을 만들어요" 같은 답이 나온다. 그러면 나는 안심

총구를 등진 사람들. 원화에는 시리가
엄마 앞에 숨은 모습으로 그렸다.
『나무 도장』의 더미북 5, 화선지에 먹, 2015.

이 되어 환하게 웃으며 이제까지 이야기했던 4·3을 정리하기 시작한다.

　세 번째 질문을 받으면 누구나 순간적으로 아홉 명을 살릴 수 있는 쪽으로 선택하는 것이 옳다고 생각할 수 있다. 그러나 그 선택이 도덕적으로 용인될 수 있을까? 어쩌면 이제껏 우리는 아홉 명을 구하기 위해서 한 명을 희생하는 건 어쩔 수 없지 않냐는 논리로 4·3을 바라봤던 것은 아닐까? 당시에 어떤 사람들은, 우리끼리의 자유롭고 행복한 세상을 위해서라면, 남한의 단독정부 수립을 위해서라면, 방해가 된다고 여겨지는 2만 5,000~3만 명쯤은 제거돼도 어쩔 수 없다고 여겼을 것이다. 그러나 그렇게 생각해 버리는 순간, 한 개인의 삶이 얼마나 소중한지, 국가는 한 국민의 삶을 어떻게 지켜줄 수 있는지 등에 대한 논의는 사라진다. '저 사람만 없애 버리면 된다'고 생각하는 순간부터 사람들은 자신과 타자를 폭력적으로 구분 짓기 시작한다. 생각이 다른 사람들은 악마, 미개인, 빨갱이, 반동분자, 바퀴벌레와 같은 존재가 돼 버리는 것이다. 그리고 없애야 할 적이 만들어지는 순간, 사람들은 그 대상에 대해서라면 아무리 잔인한 짓을 해도 상관없다는 생각을 하게 된다. 사

시리의 외삼촌.
『나무 도장』의 더미북 1,
원화 밑그림 부분, 화선지에 먹, 2014.

건을 반성하고 책임자를 엄중하게 처벌하지 않으면, 사회는 그렇게 잔인함을 용인하게 되고, 훗날에는 엄연한 사실조차도 부인하고 잊혀진다. 학살은 늘 이런 과정을 밟는다. 그래서 안타깝게도 학살은 지금도 세계 곳곳에서 끊임없이 반복되고 있다.

지금이라도 이 함정에서 벗어나려면 어떻게 해야 할까? 우리 모두 기차에서 내려 그 기차를 멈추어야 한다. 아홉 명이 죽는 것도, 한 명이 죽는 것도 우리는 원치 않는다고 외치며 제3의 선로를 깔아야 한다. 그것이 아무리 멀고 어렵고 낯선 길이라고 해도, 그래서 좋은 결과를 충분히 장담할 수 없는 상황일지라도. 평화·화해·존엄·생명·인권과 같은 가치들이 저기 멀리서 반짝이고 있는 한, 우리는 어렴풋이라도 방향을 짐작하고 새로운 선로를 깔아 가는 용기를 잃지 않을 것이다.

파란
색

그림책은 그림으로 많은 이야기를 전한다. 글이 한 문장씩 이어지면서 차근차근 이야기를 전달한다면, 그림은 선, 색, 구도, 구성이 한 덩어리가 되어 말하고자 하는 바를 단숨에 전달해 버린다. 따라서 그림책 작업에서는 성격이 서로 다른 글과 그림을 어떻게 조화시켜야 할지가 관건이다. 그중에서도 아프고 끔찍해서 사람들이 외면하고 싶은 내용을 주제로 삼을 때는, 어떻게 그려야 사람들의 마음에 다가갈 수 있을지, 독자가 책장을 덮고 나서도 한동안 먹먹한 마음에 놓이려면 어떻게 해야 하는지와 같은 고민을 더 할 수밖에 없다. 타인의 아픔에 공감하고, 서로를 보듬고 화해하는 일은 모두 마음의 감동을 전제로 일어나기 때문이다.

나는 『나무 도장』을 크게 세 부분으로 구성했다. 1부는 육지에서 바다 건너 제주로 몰려 들어오는 사람들, 2부는 그 사람들이 마을에 들어와 벌어진 사건들, 3부는 희생을 겪어 낸 마을 사람들 이야기로 엮었다. 스토리를 따라 책장을 한 장 한 장 넘길 때는 시각언어도 함께 엮여야 한다. 나는 그림에서 인물들이 향하는 방향을 통해 외부인과 제주 사람의 대항 관계를 표현하고, 등장인물의 수를 더해가거나 구성을 바꿔가며 사건의 진행 상황을 드러내고자 했다. 그리고 3부는 뒤로 갈수록 인물의 표정과 형상을 점차 구체적으로 묘사함으로써 인물의 감정을 좇아가며 주제에 이르도록 의도했다.

 더미북을 만들었다 해도, 막상 붓을 들어 색을 칠하고 형상을 만들다 보면 또 다른 차원의 고민이 찾아온다.『나무 도장』의 채색 역시 이전의 재료와 기법을 그대로 쓸 수는 없었다. 서북청년단, 군인, 경찰 등과 같이 육지에서 밀려드는 미지의 힘, 집단의 광기, 그리고 학살을 예견하는 징후들……. 세세하게 형태의 외곽선을 뜨고 색을 메꾸는 이전의 채색법은, 제주도로 저벅저벅 몰려오는 저 섬뜩한 공포의 감정을 표현하기에 적당하지 않았다. 새로운 방법을 찾아야 했다. 그리고 제주의 자연을 표현하기가 쉽지 않다는 것도 큰 고민 가운데 하나였다. 내 눈앞의 제주 자연은 더없이 아름다운데 내 그림 속 풍경은 그렇지 못했다. 저 끔찍한 사건을 부각시키기 위해서라도 자연을 아름답게 표현해야 하는데 막막하기만 했다.

 표현의 한계에 맞닥트리면 책장에 꽂힌 화집들을 꺼내 보았다.『이조의 민화』(李朝の民画, 講談社, 1982)에서는 색감과 구도의 자유로움을,『빈센트 반 고흐』(빈센트 반 고흐 지음, 이창실 옮김, 생각의나무, 2007)에서는 명암법과 형태의 부피감을 되새겨 보고,『우리 그림의 색과

칠』(정종미, 학고재, 2001)을 읽으며 종이와 물감, 아교와 백반 등의 재료 사용법을 다시 고민했다. 처음에는 한 장면을 대여섯 번씩 그려도 해결의 실마리가 보이지 않았다. 화면과의 끝없는 실랑이에 약이 올라 잠도 제대로 못 자겠고, 밥을 먹어도 소화가 안 되었다. 좌절감에 휩싸인 날은 『빈센트 반 고흐』를 내키는 대로 펼쳐서, 고흐가 동생 테오에게 쓴 편지를 읽었다. 생각대로 잘 안 그려져서 고민하거나 그림에 생명을 불어넣으려고 최선을 다하는 내용이었다. '고흐도 겪은 어려움인데 뭐!' 이렇게 스스로 위안하면서 작업 노트를 꺼내 답답한 심정을 적었다.

그렇게 5개월을 헤매다가 길을 찾았다. 사물의 안을 색으로 가득 메꾸는 것이 아니라 반대로 안을 밝게 비워 남기는 방법이다. 재료는 발색이 좋은 누런색 한지에 동양화 물감을 썼다. 세세하게 미리 스케치하지 않고 머릿속 느낌을 살려 바로 붓으로 그렸다. 물감을 잔뜩 머금은 붓으로 번지게도 그리고, 갈필로 거칠고 팍팍한 느낌으로도 그렸다. 한지는 덧칠할수록 색깔이 탁해지므로, 선명한 색을 얻기 위해서는 배접하고 채색한 후에 아교 포수를 여러 번 해야 했다. 종이가 누런색이어서 흰 호분으로 햇빛을 표현하기 좋았고, 죽음을 상징하는 푸른색도 호분을 밑칠한 위에 덧칠하니까 맑고 서늘한 느낌이 잘 살았다.

『나무 도장』에는 파란색이 많다. 이야기의 흐름에 따라 색을 이어 가다 보면 자연스럽게 책 전체를 대표하는 색이 생긴다. 1948년 늦가을부터 시작된 토벌과 저항은 한라산의 냉랭한 공기와 새하얀 눈, 그 위로 높이 펼쳐진 새파란 하늘을 배경으로 진행되었다. 파란색은 당시 제주 사람들의 죽음과 자연의 순환으로 다시 피어나는 생명을 상징한다. 책장을 넘기면, 외부의 힘을 상징하는 국방색과 주민들을 상징하는 붉은 황토색의 화면 안으로 파란색이 조금씩 스며들다가 학살 장면에 이르러 사람과 하늘이 모두 파란색임을 볼 수 있다. 눈 시린 그 파란색은 피의 색이다. 총구를 등지고 죽음을 기다리는 사람들, 쓰러진 사람의 핏물, 죽은 엄마를 부둥켜 안은 아이의 눈물, 그들의 서러움, 그리고 여기저기 흩뿌려져 피어난 섬갯쑥부쟁이……. 이것들에 독자의 시선이 오래 머물기를 기대하며 파란색을 붓에 찍어 칠하기를 반복했다. 총구를 등진 이들의 옷자락, 목도리, 시린 발을 하나하나 그릴 때마다 떨리던 붓의 감촉과 긴

지금은 사라진, 제주의 마을 '삼밭구석'의 모습.
『나무 도장』의 더미북 4, 화선지에 먹, 2014.

한숨을 나는 아직도 잊지 못한다.

그림 그리기는 매번 마음먹은 대로 되지 않는다. 이리저리 헤매고 난 후에야 머리를 가득 메우고 있던 생각이 그림 속 형상으로 화판 위에 모습을 드러낸다. 책이 나오고 시간이 한참 지나서 다시 그림을 펼쳐 보면, 그때 어떻게 그려 냈는지 신기할 때가 많다. 다시 해 보라면 선뜻 나설 자신이 없다. 작품을 구상하면서부터 차곡차곡 쌓인 감정을 그림 속에 온통 쏟아붓고 나면 다시 그 감정, 그 시간으로 되돌아갈 수 없다. 그래서 다음, 새로운 책을 시작할 수밖에 없나 보다.

화선지에 연필, 2015.

10

광장에
서다

촛
불

2016년 10월 말이었다. 남편을 따라 캐나다 밴쿠버에 머물고 있던 나는 날마다 한국에서 벌어지는 촛불집회를 유튜브로 찾아보았다. 이제껏 내가 기억하는 시위는 주로 경찰이 최루탄과 물대포를 쏘고, 시위대의 돌멩이와 화염병이 그에 맞서는, 폭력을 동반한 모습이었다. 그런데 넉 달 넘게 매주 열린 촛불집회에서는 수십만 명의 시민들이 촛불을 들고 광장으로 나왔고 경찰도 시위대를 폭력적으로 진압하지 않았다. 각자의 주장을 담은 다양한 시각물의 피켓을 들고 구호도 외치고 노래도 부르고……. 한국보다 17시간이 느린 밴쿠버에서 아침마다 전날 한국의 저녁 뉴스를 보면서 나는 가슴이 설레고 뛰었다. 그리고 대학 2학년이던 1980년 광주에서 있었던 5·18◆을 떠올렸다. 민주주의를 지키기 위해 무기를 들었던 5·18은 어떻게 이야기할 수 있을까? 폭력이 사용되면 민주화운동이 아닌가? 멀리서 평화적인 촛불집회를 지켜보면서, 그것을 있게 한 36년 전 광주를 이야기해야겠다고 마음먹었다.

마침 브리티시컬럼비아대학의 동아시아학도서관에는 한국현대사 자료가 제법 수집되어 있었다. 나는 5·18 관련 자료를 빌려와 읽었다. 1987년 '우리그림' 사무실에서 처음 보았던 5·18 사진집의 뭉그러지고 손상된 시민들의 얼굴이 읽어 내려가는 증언들과 겹쳐졌다. 척척한 슬픔이 가슴 밑바닥부터 차올랐다. 그렇게 하루를 보내는 날에는 해가 저물 무렵 대학 근처 해변으로 산책을 나갔다. 바다 건너 멀리 뾰족뾰족 늘어선 하얀 설산이 보이고, 그 아래 작은 마을 앞으로 느릿느릿 바

◆ 1980년 5월 18일부터 27일 새벽까지, 열흘 동안 광주 시민과 전라도민이 신군부 세력에 맞서 '비상계엄 철폐', '유신세력 척결' 등을 외치며 항거한 사건이다. '5·18 민주화운동'이라고 부른다.

닷물이 흘러간다. 물개가 물 위로 고개를 내밀 때도 있고, 물새떼가 바닷물 흐름을 타고 한가히 떠내려가기도 한다. 해변의 넓은 모래밭과 잔디밭에는 커다란 개들이 주인이 던진 원반을 잡으러 뛰어다닌다. 다른 세상이었다. 배신감이 느껴질 정도로 느긋한 저녁 나절의 여유로운 모습을 보면서, 눈에 남아 있던 피범벅된 얼굴들의 잔상을 씻어냈다. 한동안 그렇게 보내며 초고를 써서는 이듬해 초봄 한국으로 돌아왔다.『씩스틴』(평화를품은책, 2019) 작업은 이렇게 시작되었다.

귀국한 후 5·18 관련 책들을 더 찾아 읽었다. 광주의 5·18민주화운동기록관에 내려가서 사진 자료도 카메라에 담아 와 참고했다. 그런데 초고를 다시 쓰면 쓸수록 자꾸 제자리에서 맴돌았다. 쓰고 나면 이미 누군가 해 버린 이야기로 새롭지 않았다. 항쟁 10일간의 서사 구조, 가해자 대 피해자의 대립 구도, 계엄군 대 시민군의 뚜렷한 선악 구도……. 그 안에 갇혀 한 발자국도 나가지 못한 채 1년이 흘렀다. 계엄군은 자국민을 어떻게 그렇게 잔인하게 진압할 수 있었을까? 그에 반해 인간의 선한 의지는 어떻게 생겨나는 것일까? 계엄군과 시민군 이외의 평범한 시민들, 길가에서 주저하며 지켜만 보거나 무서워 집 안으로 몸을 숨긴 사람들, 이들을 포함한 5·18의 세세한 결들을 어떻게 다 드러낼 수 있을까? 아직도 사실을 부인하거나 책임을 회피하는 가해자들이 엄연히 살아 있는데, 무엇을 중심에 두고 이야기를 풀어내야 하는가? 어떻게 민주주의를 생생하게 형상화할 수 있을까? 수많은 질문들만 머릿속에서 맴돌 뿐이었다.

    2017년 9월 18일, 교외로 강연을 하러 가던 길이었다. 전철이 시내를 벗어나자 차창 밖으로 한적한 들녘 풍경이 스쳐 지나갔다. 그때 머릿속에서 떠다니던 광주의 도청 광장이 창밖 풍경 위로 겹쳐지더니, 계엄군의 무기들이 한적한 풍경 위로, 광주 금남로 거리로, 공간을 넘나들며 뛰어다녔다. 계엄군의 등짝에 매달린 엠식스틴(M16)이 "빨갱이 새끼들 다 죽여라!"라고 고함치며 달려가고, 충정봉이 할아버지 등짝을 사정없이 내리치고, 착검한 칼이 사람들 살 속을 헤집고 나와서는 햇빛에 핏물을 반짝이며 웃고 있었다. 총알이 공중을 가로질러 사람들에게 파고들고, 화염방사기, 캘리버50, 헬리콥터, 장갑차들까지 합세해 아스팔트를 요란하게 흔들었다. 또 한쪽에서는 분노한 돌멩이, 화염병, 각목, 보도

『씩스틴』의 더미북 1, 화선지에 먹, 2017.

블록들이 온 힘을 다해 날아가 엠식스틴과 충정봉에 맞서고 장갑차에 부딪치며 부서져 내렸다. 도청 광장을 차지하기 위해 싸우는 딱딱하고 단단한 것들이 보였다. 그와 동시에 죽은 몸에서 하늘거리며 피어나는 부드러운 꽃, 민주주의의 모습도 보였다. 생명을 해치는 딱딱한 무기들이 유연한 민주주의를 만나 그것을 지키는 이야기로 전개하면 될 것 같았다. 전철 안에서 수첩을 꺼내 빠르게 메모했다. 피해자 입장에서 풀어 가려던 방향에서 엠식스틴이 주인공인 가해자 입장으로 이야기를 바꾸었다. 그러자 그동안 풀리지 않았던 것들에 조금씩 실마리가 보였다. 이렇게 생각을 키워 2018년 1월, 첫 번째 더미북을 만들었다.

너와 나의
폭력

더미북을 만드는 내내 몸이 아팠다. 목디스크가 재발해서 시술을 여러 번 받았다. 스테로이드 주사 기운에 통증이 덜해지면 그 틈을 타서 더미북을 만들었다. 그러고 나면 다시 통증이 심해져 앉아 있을 수가 없었다. 누워서 머릿속으로 그림을 그렸다. 병원에서는 1년간 신경 쓰는 일은 아무것도 하지 말고 쉬어야 낫는다고 했다. 당장 아픈 것도 힘들었지만 앞으로 더 이상 그림을 그리지 못하게 될까 봐 더 두려웠다. 머릿속은 도청 광장으로 꽉 차 있어 이것을 컴퓨터나 화판 앞에 앉아 털어 내야 좀 쉴 수 있을 텐데, 진통제를 먹어도 통증이 줄어들지 않았다. 예전부터 이따금 도움을 받던 한의원으로 갔다. 집에서 버스로 한 시간이나 걸린다. 병원에서 기다리고 침 맞는 시간까지 합하면 왕복 4시간은 예상해야 한다. 치료를 시작하면 3개월은 꼬박 다녀야 하니, 내게 한의원은 달리 방법이 없을 때 최후로 찾는 곳이다. 원장님은 4년 만에 찾아온 나를 반기며 어떻게든 좋아지도록 할 테니 일을 할 수 있는 데까지 해 보라고 하셨다. 고마워서 눈물이 났다. 매일 침을 맞으며 더미북을 완성하고 채색을 시작했다.

특히 책의 앞부분에 씩스틴이 강경하고 단호하게 진압하는 장면을 그리면서 많이 아팠다. 그림이 쉽게 풀리지 않으면 며칠씩 광장에서 총을 맞고 쓰러진 사람으로 지내야 했으니 그럴 수밖에 없었을 것이다. 원장님께 매번 통증의 차도를 말하면 그때그때 위치를 바꾸거나 개수를 늘려가며 침을 놓아 주셨다.

폭력은 공감하는 것만으로도 아프다. 광장에서 사람과 사람이 대치해 공방을 할 때면 폭력을 당하는 사람은 물론이고, 폭력을 행사하는 사람도 지켜보는 사람도 모두 아프다. 물리적인 폭력뿐 아니라 언어적이고 정신적인 폭력까지 모두 사람의 생명을 해친다. 누구나 폭력이 나쁘다고 말한다. 그렇다면 5·18 당시 격렬하게 저항했던 시민군의 폭력, 당시 광주 도청 광장에서 시민들이 돌멩이 화염병을 던지고, 드럼통과 자동차에 불을 붙여 굴리고, 방송국을 불태웠던 폭력을 어떻게 설명할 수 있을까? '빨갱이 폭도'들을 진압하지 않고 그대로 놔두어야 했느냐, 폭동이 무슨 민주화운동이냐, 5·18을 두고 아직도 공공연히 제기되는 이러한 주장에 나는 어떻게 대답할 수 있는가? 그 폭력을 어떻게 그림으로 표현해야 하는가? 내게 이것은 풀기 가장 어려운 문제였다.

국가는 법에 따라 폭력을 사용한다. 국가의 공공질서와 안녕을 위해 계엄령을 발동하고 시위를 진압한다. 12·12 군사반란으로 군대를 장악한 신군부는 민주적인 절차 없이 국가 권력을 차지하려고 계엄령을 발동해 시민들을 폭력으로 진압했다. 그때 시민들은 어떻게 해야 하는 걸까? '정의로운 폭력', '저항의 폭력'은 존재하는가? 그 기준은 무엇인가? 국민은 폭력이 발생했을 때 법에 따라 그 폭력을 심판하고 처벌하는 권한을 국가에 맡긴다. 그런데 국가 권력을 부당하게 장악하고, 함부로 폭력을 휘두른다면 국가에 맡긴 권한을 되찾아야 할 것이다. 권력에 저항해야 한다. 그것은 사람들이 본래부터 가지고 있는 권리이기 때문이다.

당시의 증언집을 살펴보면 광주 시민들이 겪었던 공포와 절망이 생생하다. 어린이부터 어른까지 모두 가졌던 가장 큰 의문점은 '계엄군이 우리나라 군인 맞느냐?'는 것이었다. 군인은 대한민국의 국민을 보호해야 하는데 시민을 적으로 보지 않는 이상, 어떻게 그렇게 폭력을 휘두르고 총을 쏠 수 있느냐는 것이었다. 시민들은 자신과 이웃의 생명을 지키기 위해 각목, 곡괭이, 부엌칼, 연탄집게, 면도날까지 들고 나왔다. 계엄군이 시민을 향해 발포한 이후에는 시민들도 총을 들었다.

광주에 취재하러 내려가 『광주, 여성』을 편집했던 '더불어광주연구원'의 이정우 연구실장을 만났다. 그때 위험을 무릅쓰고 광장으로 뛰어나간 사람들, 총을 든 사람들, 죽을 줄 알면서도 끝내 도청에 남은 사람들……

광주 도청 광장의 사람들. 모조지에 연필, 2018.

그때 그들의 심정이 어떠했는지 물었다. 그의 대답은 간단하고 분명했다. "내 가족과 친구들, 동네 사람들이 계엄군의 진압봉과 총칼에 죽어 나가는데 어떻게 보고만 있느냐, 아무것도 하지 못하고 가만히 있었을 때 훗날 그 죄책감을 지고 어떻게 앞날을 떳떳이 살아갈 수 있었겠느냐."

선운중학교에 강연을 갔다가 인연이 됐던, 지금은 교육청에서 일하시는 김태은 선생님을 만나 새로운 이야기를 듣기도 했다. 내가 5·18을 그림책에 담으려고 한다고 하니, 첫 마디가 '밝게 그려 달라'였다. 5·18을 소재로 삼은 작품들 대부분이 계엄군의 폭력을 고발하거나 살아남은 사람들의 죄책감과 책임감에 무게를 둬 왔는데, 이제는 좀 더 다양해져야 하지 않겠냐는 것이었다. 젊은 세대에게 5·18이 민주주의를 지켜 낸 자랑스러운 승리의 역사로, 광주가 한국 사회의 희망찬 미래를 상징하는 장소로 기억되기를 바란다고도 덧붙이셨다.

현지에서 5·18을 오랫동안 고민해 온 분들을 만나면 자료만으로는 읽어 내기 어려운 부분들을 얻게 된다. 안개가 자욱한 숲속 저 앞의 커다란 나무가 몸통에 물기를 머금은 채 차츰 선명해지듯이, 책의 주제와 방향이 좀 더 분명해졌다. 부당한 폭력에 죽음으로 저항하며 지켜낸 민주주의, 그 열흘간 광주 시민들이 일구어 낸 공동체 정신이야말로 내가 집중해야 할 것이었다.

나는 이 점을 중심에 두고 다시 이야기를 다듬어 갔다. 첫 번째 더미북의 끝부분에는 퇴각했던 계엄군이 다시 탱크를 앞세워 광장으로 들어오고, 생명의 가치에 눈을 뜬 '씩스틴'이 탱크 바퀴에 깔려 부서지는 장면을 넣었었다. 수정본을 만들면서 나는 이 부분을 덜어내고, 대신 계엄군이 광장에서 퇴각한 이후 광장을 지키는 시민들의 이야기로 끝을 맺었다. 주먹밥을 건네는 아주머니, 음료수를 내오는 가게 아저씨, 시신을 깨끗이 닦아 주는 여공, 헌혈을 기다리는 시민들 틈에서 민주주의와 공동체 정신의 '씨앗망울'들이 눈부시도록 하얗게 광장 가득 피어오르는 장면에서 이야기를 멈추었다.

나도 모르게
저질렀던 잘못들

일상에서 자신이 가해자라고 생각하는 사람은 드물다. 심지어 재판을 받고 형을 사는 사람들조차 가해 사실을 인정하지 않기도 한다. 혹은 가해 사실을 인정하더라도 누구나 저지를 수 있는 사소한 잘못이었을 뿐이라고 여기며 마음 한 켠에 밀쳐두고 살아간다. 나 역시 자신을 항상 피해자라고 여겨 왔다. 그런데 『씩스틴』을 만들면서 잊고 있던 고등학생 때의 일이 기억났다. 책의 초반부에 씩스틴이 골목 끝까지 달려가 폭도들을 해치우는 장면이 나오는데, "끝까지 달려가"라는 구절을 쓰면서 그 일이 생각난 것이다. 당시 나는 교문에 서서 등교하는 학생들의 머리나 복장을 검사하고, 규율을 위반한 학생을 잡아내는 규율부원이었다. 한 번은, 규율을 위반한 학생이 도망가길래 끝까지 쫓아가 붙잡았다. 지금 생각해 보면 내 행동이 부끄럽고 어이없다. 학교의 규정에 한 치의 의심도 없이 충실히 따랐던 착실한 학생의 충성이었을 것이다. 만약 내게 그보다 더한 폭력의 권한이 주어졌다면 아무런 죄의식 없이 충실히 임무를 수행하며 우월감에 재미까지 느꼈을 수도 있을 것 같아 섬찟했다.

우리는 특별한 계기가 주어지지 않는 한 자신의 행동을 돌아보거나 잘못을 뉘우치지 못한다. 이 점은 5·18의 가해자들도 마찬가지가 아닐까? 명령을 내린 사람은 공공질서의 유지를 위해 결정한 것일 뿐이라고 주장할 테고, 명령을 수행한 사람은 국가의 명령에 따랐을 뿐이라고 강변할 테다.

『씩스틴』이 나오고 대전에 강연을 하러 갔을 때다. 강연 후 식사 자리에서 한 분이 초등학교 동창들과 여행 가서 있었던 일을 꺼냈다. 저녁을 먹고 각자 살아온 이야기를 하는 중에 한 남자 동창이 5·18 때 진압군이었던 자신의 과거를 고백하며 울었단다. 그 이야기를 듣는데 동창들 모두 마음이 많이 아팠다고, 그리고 '씩스틴'처럼 가해자였던 자신의 과거를 평생 짐으로 안고 사는 사람들이 많을 거라고 했다. 생각해 보면 그 사람들도 결국 피해자 아니겠냐고도 덧붙였다. 5·18 이후 40년이 흘렀으니 그때 계엄군이었던 사람들은 모두 환갑을 훌쩍 넘겼을 것이다. 누군가의 아버지로, 남편으로, 친구로, 동료로 살아가며 매년 5월을 맞이하고, 일상에서 이따금 그때 일이 화제에 오르더라도 내색하지 못한 채 늘 기억을 억누르고 살아갈 것이다. 명령에 따랐을 뿐인 그들은 가해자인가 피해자인가? 또 그런 구분은 의미가 있을까?

'씩스틴' 캐릭터를 만들 때 참고했던 자료 중에 이

경남 특전사의 이야기가 있다. 그는 당시 11공수여단 소속 군인이었는데, 20년이 흐른 뒤에야 5·18을 참회하는 글을 써서 『당대비평』(1999, 여름호)에 투고했다. 1980년 5월 20일 밤, 그는 군인들에 의해 쓰러진 한 시민을 둘러업고 근처 교회로 피신했다. 그리고 다음 날 새벽이 되어서야 부대에 복귀했는데, 그 일 때문에 고초를 겪었다고 한다. 그처럼 계엄군 중에는 상부의 명령에도 불구하고 군인이자 교양을 갖춘 시민으로서 정의감을 지키고, 어려운 상황에서도 선한 의지를 발휘한 사람들이 있었을 것이다. 우리는 옳은 것과 그른 것을 분명히 구별해야 하고, 5·18의 참상을 빚은 책임자들에게 엄격히 죄를 물어야 한다. 그러나 어려운 상황 속에서도 끊임없이 고민하고 끝내 옳은 길을 찾아가는 사람들, 그들을 기억해야 한다. '씩스틴'은 그런 용기와 희망을 간직하고 있는 캐릭터다.

내가 가해자에 관심을 가지기 시작한 것은 『나무도장』의 시리 외삼촌을 만나면서부터다. 가해자가 가해 사실을 인정하고 사과하려면 어떤 환경이 필요한가? 남아프리카공화국과 르완다의 경우, 과거사의 진실을 규명하는 작업은 가해자가 자신의 죄를 증언하면 형량을

모조지에 연필, 2018.

줄이거나 생업을 이어갈 수 있도록 형 시작을 늦춰 주는 정책을 시행하면서 큰 진전을 이루었다. 가해자가 증언을 통해 피해자에게 사과하고 용서를 구하면, 비로소 가해자와 피해자가 공동체 구성원으로 화합하며 살아갈 수 있게 된다.

2018년, 서울에서 '베트남전쟁 시기 한국군에 의한 민간인학살 진상규명을 위한 시민평화법정'이 열리고 국제학술대회도 진행되었다. 역사문제연구소의 연구원이던 후지이 다케시(藤井たけし) 선생님의 「가해 경험을 말한다는 것: 일본 중국귀환자연락회의 사례」와 시민평화법정 조사팀 심아정 선생님의 「우리가 만난 참전군인-참전군인 A와 '함께 말한다'는 것」과 같은 발표는 가해자가 '가해자성'을 인정하는 게 어떤 의미인지 더 깊이 생각해 볼 수 있게 했다.

"자기도 모르게 했던, 혹은 자기가 서 있는 그 자리를 만들기 위해 행해진 잘못들을 뒤늦게나마 알아차리기 위해 고군분투하며 인정하려 드는 것, 그렇게 함으로써 지금-여기에서 자기가 발 딛고 서 있는 세계의 토대가 흔들리고 무너지는 것을 받아들이는 것이 '가해자성'

을 인식하는 것의 핵심이다. 우리는 우리가 맺고 있는 복잡다단한 관계망 속에서 자신도 모르는 채 가해자가 되는 구조에 놓일 수 있다. 때문에 가해자임을 알아차리고 인정하는 일은 부단한 과정일 수밖에 없다. 끊임없이 자기가 놓인 구조를 의심하고 되물어야 하기 때문이다. 그래서 '가해자성'을 인정하는 것은 자기 자신을, 그리고 우리가 사는 세계를 새롭게 만나는 일이기도 하다. 거기에는 이제껏 당연시되어 온 폭력을 멈추게 할 힘이 깃들어 있다."(심아정, 「우리가 만난 참전군인-참전군인 A와 '함께 말한다'는 것」, 『베트남전쟁 시기 한국군에 의한 민간인학살 진상규명을 위한 시민평화법정 자료집』, 2018, 61~62쪽.)

이런 글귀를 곱씹고 있을 무렵, 일본에서 그림책을 연구하시는 신명호 선생님께서 우리 집에 들르셨다. 신 선생님은 『씩스틴』의 더미북을 보시더니, 5·18을 이야기하는 이 책으로 누구나 살아가면서 가해자가 될 수 있음을 기억하게 되었으면 좋겠다고 하셨다. 나는 그 무렵 책의 서술 시점을 1인칭으로 할지 3인칭으로 할지 망설이고 있었는데, 1인칭의 점진적인 서술 방식으로 독자가 씩스틴에게 감정 이입하며 동화되어 가는 게 어떻겠냐는 의견도 주셨다. 그러나 가해자를 주인공으로, 더욱이 어린이책에서 금기시되어 온 총이 1인칭 시점으로 이야기를 이끌어 가는 것이 위험해 보이기도 했다. 교사들 모임에서 모니터링했을 때, 주인공의 내면을 제대로

표현하지 않으면 가해 행위를 용인하는 것처럼 비칠 수 있다는 우려를 듣기도 했다.

    하지만 책을 진행할수록, 가해자가 스스로 가해자임을 인정하는 일이 지금 우리 사회에서 무엇보다 중요하다는 확신이 생겼다. 권력을 가진 가해자가 가해 사실을 부정할 때, 피해자가 피해 사실을 입증하기는 매우 어렵다. 가해자의 증언이야말로 숨겨진 진상을 드러내고 책임자의 죄를 묻는 출발점이 될 수 있다. 7공수여단 부대원이었던 최영신 씨는 1989년 1월 16일 기자회견

을 열어, 주남마을 양민학살을 공개적으로 인정하는 최초의 양심 고백을 했다. 2019년 4월에는 그가 주남마을의 생존자를 만나 사과하는 장면이 텔레비전에 방영되기도 했다. 그는 '군의 배신자'라는 동료들의 낙인과 '시

모조지에 연필, 2018.

민을 학살한 계엄군'이라는 비난을 함께 받고 있다며 어려움을 토로했다.

'가해자성'을 인정하는 데는 커다란 용기가 필요하다. 가해를 공개적으로 밝히는 순간, 소속된 집단뿐 아니라 사회로부터 비난과 낙인이 뒤따르고 삶의 발판이 무너지는 것을 감수해야 한다. 우리는 그동안 이런 사람들의 존재에 대해, 그리고 그들이 지닌 어려움에 대해 관심을 기울이지 못했다. 그들을 가해자로 낙인찍기보다는 그 용기를 인정하고, 사회적으로 존중하며, 포용하

는 것이 필요하다. 심아정 선생님의 말처럼 '가해자성'을 인정한다는 것은 당사자가 새롭게 세계를 만나는 일이고, 폭력을 멈추게 하는 일이며, 나아가 우리 사회 전체가 한결 성숙해지는 길이 아닐까.

총과
민주주의

『씩스틴』의 앞표지에는 씩스틴이 당당한 모습으로 서 있다. 이렇게 마무리하기까지 걱정이 많았다. 총에 대해 거부감이 있는 사람들은 이 책이 어린이가 읽기에 적합하지 않다고 판단할 것 같았기 때문이다. 시대를 불문하고 어린이들은 여전히 총싸움 놀이와 게임을 좋아할뿐더러 총에도 관심이 많지만, 우리 사회의 한편에는 평화의식을 강조하는 것과 더불어 '총은 위험한 것', '전쟁과 함께 사라져야 할 것'이라는 생각이 확산되고 있기도 하다. 나 역시 그 부분의 동의해 왔고, 앞으로도 이 생각은 변하지 않을 것이다.

그러나 씩스틴이라는 캐릭터를 구체화하기 위해 전쟁기념관에서 엠식스틴 실물을 사진으로 찍어 오고,

인터넷에서 교본을 찾아 총을 분해하고 조립하는 방법을 살펴보고, 군대에서 총을 많이 다루어 본 사람들의 경험담을 들으면서 나는 의도치 않게 총의 매력에 빠져들었다. 총을 자세히 뜯어보면 방아쇠 주변의 정교한 격발 장치부터 탄창에서 총알을 자동으로 밀어 올리는 장전 장치, 탄환을 멀리 유도하도록 정교하게 깎은 총구 안쪽의 강선, 5.56mm의 똑같은 크기로 반짝이는 금빛 탄환에 이르기까지, 기능에 맞게 잘 디자인된 것이 참 신기하고 아름답게 여겨진다. 나는 방아쇠를 당길 때의 촉감, 발포할 때의 강렬한 파열음과 총열의 반동, 튀어 오르는 탄피와 화약 냄새 등을 떠올리며 살아 움직이는 씩스틴의 형상을 머릿속에 그렸다. 그러면서 어린이들과 총의 관계는 감추기만 해서는 해결되지 않으리라는 생각이 들었다. 차라리 총을 정면으로 마주 보고 그 의미를 생각할 기회를 주는 게 낫겠다 싶었다. 기회가 닿는 대로 교사와 그림책 활동가들에게 더미북을 보여 주고 자문을 구했다. 책이 나온 직후 어린이들과의 만남에서 그 결과를 확인할 수 있었다.

    초등학교 6학년 교실, 『씩스틴』을 읽어 주려고 파일을 열어 화면에 띄우자마자 아이들이 반응을 보였다.

표지 그림의 총을 대번에 알아보고 웅성거리는 소리로 교실이 갑자기 시끌벅적해졌다. 60명 중에 남학생 30명 정도는 모두 그것이 엠식스틴임을 알고 있었고, 여학생은 네 명이 안다고 했다. "엠식스틴에 대해 설명해 볼 사람 있나요?" 내 질문에 몇몇 남학생들이 손을 번쩍 드는데, 신나고 들뜬 마음으로 눈빛이 반짝반짝 빛났다. 교실에서 어린이들의 이런 눈빛을 보는 일은 흔치 않다. 순간 '왜 어른들은 아이들에게 총에 대해 말해 주지도 물어보지도 않았을까?' 하는 생각이 들었다. 한 학생이 의기양양한 표정으로 내게 질문을 던졌다. "왜 주인공이 케이투가 아니라 엠식스틴이에요?" 말이 떨어지기가 무섭게 일제히 "와!" 하는 탄성이 쏟아졌다. 수업을 마치고 참관했던 교사들과 소감을 나누는데, 모두 놀라워했다. 그러나 사실 어린이들은 '배틀그라운드' 게임에 익숙해 있었고, 총은 이미 일상에 깊숙이 들어와 있었으며, 총에 대한 정보는 어디나 널려 있었다.

책을 낭독했을 때의 기억도 생생하다. 아이들은 내 목소리를 따라가며 씩스틴에 자연스럽게 감정 이입을 해 갔는데, 씩스틴이 폭도들에게 공격당하는 장면에 이르자 앞쪽에 앉았던 남학생 둘이 "쏴 버려! 쏘면 되잖아!"라고 말했다. 나는 철렁 내려앉는 가슴을 숨기고 계속 읽어 갔다. 들떴던 분위기가 점점 숨죽은 듯 고요해졌다. 그리고 씩스틴이 정말 총알을 발사하고, 총알이 사람들 살 속을 사정없이 헤집어 놓는 장면에서는 아이들도 게임 속의 총과 현실의 총이 어떻게 다른지 조금씩 느끼는 듯했다. 총알을 맞는 사람들이 바로 이웃의 할아버지, 동네 아저씨, 남학생과 여고생 들이었던 것이다.

어린이들은 『씩스틴』에서 다루는 이야기가 실제였냐고 묻곤 한다. 『꽃할머니』와 『나무 도장』의 독자들을 만났을 때도 비슷한 질문을 받은 적이 있다. 어린이들은 대낮 광장에서 우리 군인이 우리 시민을 향해 진압봉을 휘두르고 총을 쏘았다는 사실을 쉽게 상상할 수 없을 것이다. 그리고 위험한 줄 알면서도 광장으로 달려 나갔던 사람들에게 공감하기는 더 쉽지 않을 것이다. 나도 마찬가지였다. 그러나 자료를 찾아보면서 계엄군의 발포 직후 광장으로 뛰어나가기를 몇 번이고 반복하던 당시 사람들의 모습은 내게 숭고한 아름다움으로 각인되었다. 골목 안에서 숨죽이며 그 광경을 지켜본 수만 개의 눈동자, 광장을 지킨 당시 사진 속 시민들의 눈빛을 들여다보면서 '그 눈빛이 우리에게 전하는 것은 무엇일까?' '그들이 바라는 세상은 어떤 모습이었을까?' 거듭 생각해 답을 찾아보려고 했다.

1980년 5월 21일, 계엄군이 퇴각한 광장에서 시민들이 나눈 공동체 경험은 우리 사회의 소중한 자산이다. 나는 그 광장을 민주주의의 씨앗이 망울망울 피어올라 가득 찬 '씨앗망울'의 세상으로 묘사했다. 민주주의는 고정된 틀과 길을 따라가는 것이 아니라, 시대와 지역, 사람과 환경에 따라 생물처럼 살아 움직이며 변화한다. 그러면서 생명과 평화, 자유와 평등, 다양성과 통일성 등, 때로는 화해하고 때로는 모순되는 여러 가치의 구현을 지향해 간다. 그 과정에서 폭력을 만나기도 하지만, 본성상 민주주의는 폭력과 짝이 아니다. 민주주의는 모든 사람이 평등하고 자유롭고 행복한 상태로 옮아가는 길이다. 그것은 싸우며 끊임없이 이어지고, 연대하며 조금씩 넓어져 가는 길이다. 나는 『씩스틴』을 통해, 2016년 광화문 광장에 찬란하게 피어올랐던 '촛불혁명'이 5·18의 도청 광장에서 날아오른 민주주의의 '씨앗망울'이 싹튼 결과임을 보여 주고 싶었다. 그 생각으로 책의 뒤표지에 씩스틴이 탄창을 빼 버리고 몸을 굽혀 민주주의를 품은 채 잠든 모습을 그려 넣었다.

하얀
화판

『씩스틴』은 이전의 작업들과 달리 더미북을 여러 권 만들지 않았다. 스케치 단계에서 많은 것을 풀어내면 정작 그림을 완성해야 할 때 감정이 일어나지 않는 어려움이 있었다. 그래서 더미북으로 큰 흐름만 잡고, 화판 앞에 앉아 느낌과 생각을 따라 즉흥적으로 그려 보기로 했다.

　이를 위해서는 적절한 화판을 새로 만들어 써야 했다. 화판에 연필로 탐색선을 마음대로 그을 수 있고, 지우개로 여러 번 지워도 종이가 일어나지 않으며, 색을 여러 겹 칠해도 발색에 문제가 없고, 호분을 덧칠해 가며 수정을 반복할 수 있는 질긴 종이가 필요했다. 그리고 책의 전체 느낌을 밝고 경쾌하게 만들어 줄 하얀색 종이여야 했다. 고민 끝에 보통의 한지와 달리 번짐이 덜하고 색도 아주 하얀 화선지(옥정지)를 바탕 종이로 선택했다. 그리고 화선지 한 장으로는 너무 약해서 그 뒤에 되직하게 쑨 녹말풀로 한지를 두 번 배접했다. 호분, 아교, 백반을 일정 비율로 섞어 세 번 밑칠도 했다. 이런 과정을 거치면서 화선지의 장점인 번짐 효과는 약해졌

원화에서는 총열 안 풍경을 광주 시민들의 바람을 모아 광장으로 담았다.
『씩스틴』의 더미북 4, 원화 밑그림, 화선지에 먹, 2018.

지만, 대신 하야면서도 튼튼한 화판을 얻을 수 있었다.

『씩스틴』을 스케치하는 내내 나는 밝고 화사한 그림책을 마음에 품고 있었다. 왜 그랬을까? 그리고 왜 '하얀 화판'에 그림을 그려야 한다고 생각했을까? 내 머릿속 5·18은 하얀 찔레꽃과 이팝꽃으로 화사하게 빛나는 따사로운 봄날, 봄나들이 가는 시민들의 일상 속으로 밀고 들어오는 계엄군의 장갑차, 광장 아스팔트 바닥에 흥건한 핏물, 그 위로 부서져 내리는 따사로운 햇살, 햇살에 반사된 하얀 핏물이었다. 계엄군이 시민들을 뒤쫓아 진압봉을 휘두를 때도 5월의 햇살은 골목길의 화단에 심어진 노란 장미 위에 화사하게 부서져 내리며 생명을 키워 냈을 것이다. 총에 맞아 광장에 쓰러진 사람들을 따뜻하게 보듬었을 것이고, 햇빛에 반사된 하얀 핏물 위로 생명의 씨앗을 품은 씨앗망울을 피워 냈을 것이다. 그림을 그리는 내내 하얀 화판은 죽음을 넘어서서 밝고 경쾌해지도록 나를 부추겼다. 내게 하얀색은 생명과 희망의 색이었다.

나는 망칠 것을 대비해 하얀색 화판을 40장 가까이 준비해 놓고 그리기 시작했다. 화판 앞에 앉아서는 먼저 도로의 노란색 중앙선을 그려 광장을 만들었다. 당시 아스팔트는 곧 광장이었다. 골목골목에 시민들이 숨어 있다가 누군가 구호를 외치며 차로로 나오면, 하나둘 노래를 부르며 스크럼을 짜고 대열을 만들어 행진했다. 그렇게 시민들의 광장이 된 아스팔트 차로, 그 위에 그어진 노란색 중앙선은 내 하얀 화판 위에서 밝고 경쾌하게 등장해 사건을 이끌고 다음 장면으로 달려간다. 그러다가 핏물이 고인 아스팔트를 지날 때면 노란 선이 구불구불 울렁거린다.

횡단보도와 차로의 흰 선은 광장에 울려 퍼지는 함성의 선들과 어우러진다. 광장의 집회에 참석해 보면 스피커에서 울려 나오는 구호와 노래에 가슴이 뛰는 것을 느낀다. 팽팽한 기운이 광장을 가득 메우고, 스피커 소리와 어우러진 사람들의 함성이 그 기운을 타고 멀리 퍼졌다가 다시 메아리쳐 돌아온다. 이렇게 광장은 사람들 사이에 소통과 연대를 만들어 낸다. 이 광경을 그림은 어떻게 담아낼 수 있을까? 광장에 사방으로 뻗어 나간 스피커의 원을 중심으로 선의 모양과 원의 크기를 조금씩 달리하며 마치 물결이 퍼져 나가는 것처럼 소리를 표현했다. 그 원 안팎으로 시민들의 모습도 자유롭게 그려 넣었다. 소리의 파장과 사람의 움직임을 다양한 색 선으로 표현한 것은 촛불집회 장면을 봤을 때의 느낌을 따른 것이었다.

『씩스틴』에서 마지막까지 애를 먹인 그림은 광장으로 달려 나온 사람들이 씩스틴의 총열 안에 들어와 울부짖는 장면이다. 처절한 상황을, 담담한 글만큼이나 '밝고 화사하고 자신 있게' 그려야 했다. 화약의 폭발 열기가 가득 한 총열 안에 가상 공간을 만들고, 그들의 삶에서 가장 아름답고 행복한 순간으로 죽음을 대신 표현함으로써, 아름다운 동시에 슬픈 순간을 함축하도록 해야 했다. 나는 이 장면을 그릴 때, 유튜브에서 그 옛날 배인순과 배인숙이 꾸렸던 펄 시스터즈의 〈커피 한 잔〉, 〈님아〉, 〈첫사랑〉, 〈사랑의 교실〉 같은 노래를 찾아 틀었다. 펄 시스터즈가 나오기만 하면 텔레비전 앞으로 달려 갔던 어린 시절, 전축과 레코드판, 통기타와 팝송, 긴 머리와 나팔바지와 같은 추억의 소재를 떠올리며 그림을 그렸다. 그렇게 애를 태워서일까. 지금 봐도 나는 『씩스틴』에서 이 장면이 제일 마음에 든다.

20장이 넘는 그림이 일관된 흐름을 가지려면 긴 호흡이 필요하다. 마라토너가 중간에 포기하지 않고 완주할 때와 비슷한 끈기가 필요하다. 나는 그림이 안 풀리는 날에는 한나절 내내 화판만 뚫어지게 쳐다보다가 붓을 놓아 버리기도 했다. 다시 용기 내어 붓을 들고 획을 긋기 시작하면, 계획과 달리 붓과 물감과 물기가 따로 놀면서 서로 반발하다가 이따금 조화를 부리기도 한다. 모든 일이 그렇듯 그리기도 익숙한 방식대로 하면 쉽다. 그러나 조금이라도 변화하려면, 그림을 망칠 때까지 화판 위에서 붓을 이리저리 휘저어 보아야 한다. 화면에 등장하는 색, 선, 면 들이 조화롭게 만나도록 어떻게든 부추기고 저지르지 않으면 새로운 기법은 알 수 없고 만들어지지도 않는다. 그렇게 망친 그림에서 조화의 아름다움을 하나라도 발견하면, 그 단서를 근거 삼아 다시 하얀 새 화판에서 새롭게 시작한다. 조화로움, 아름다움을 찾아가 끝내 완성하는 것, 그것이 그림이다.

책을 닫으며
다시 화판 앞에 앉아

2017년 3월 21일부터 6월 25일까지, '권윤덕 그림책 22년 전(展)'을 순천시립그림책도서관에서 가졌다. 그동안 그렸던 그림들을 꺼내 액자를 맞추고, 켜켜이 접어둔 자료 더미에서 몇몇을 골라 햇볕 따사로운 봄날, 남쪽 땅 순천으로 내려갔다. 그리고 1995년에 출간한 첫 책 『만희네 집』부터 2016년에 나온 『나무 도장』까지 작품들에 담긴 이야기를 전시장에 풀어냈다.

2층 전시장으로 올라가는 계단 위에 내 자화상을 걸었다. 그림을 배우기 시작한 1985년에 그린 것이니 자화상을 보면 작가의 그림 전시인가 싶겠지만, 전시장에 들어서면 군포와 안양에서 미술운동 할 때 활동가, 작가, 시민 아홉 명이 함께 만들었던 『구름 가족 이야기』가 가장 먼저 눈에 들어오니 그림책 전시구나 싶을 테고, 전시장 내 유리상자 속에 펼쳐진 작가 노트와 어릴 적 사진첩까지 보고 나면 작가의 일상을 담은 전시라고 여겨지기도 할 것이다. 실제로 그림책 작가로서 살아온 시간은 이런저런 내 삶의 행로와 분리하기 어렵다.

　매번 50쪽 안팎의 얇은 책을 2~3년 붙들고 허우적거리다가 간신히 출간하고 나면 홀가분함 이상으로 부끄러운 마음이 앞섰다. 순천의 전시는 그렇게 한 걸음씩 걸어온 내 흔적을 모아 놓은 것인데, 전시를 봤던 돌베개 출판사의 편집자가 11월에 메일을 보내 왔다. 전시의 흐름과 내용을 글로 옮겨 책을 내보자는 제안이었다. 내 이야기를 글로 쓴다는 건 부끄럽고 민망한 일 아닌가. 작가는 작품으로 이야기하면 되지 더 부언할 필요가 있을까. 긴 글을 쓰기가 얼마나 어려운데 그 힘으로 새 그림책을 한 권 더 만드는 게 낫지 않을까. 이런저런 이유를 대며 제안을 밀쳐 두었다.

　2019년 4월, 나는 열 번째 그림책 『씩스틴』을 끝내고 제주에 내려갔다. 함덕초등학교 선인분교의 5~6학년 어린이들과 '자연과 나'를 주제로 그림책 만들기 수업을 진행하기 위해서였다. 7개월 동안 제주를 오가며 진행했던 수업은 아이들에게도 나에게도 잊지 못할 감동을 안겨 주었다. 나는 수업 과정과 결과물을 묻히기 아까워 편집자에게 보여 주고, 혹시 이것으로 먼저 제안을 대신할 수 없겠느냐고 물었다. 얼마 후 받은 답변은, 제안한 책을 먼저 낸 후에 출간하면 좋겠다는 내용이었다. 이런! 아이들의 성과를 펴내기 위해서라도 내 이야기를 써야겠구나. 한 번쯤은 지나온 과정을 정리하고 가다듬어 볼 필요가 있을 거라고 이유를 붙여 가며 글쓰기를 시작했다.

작업을 하다 보니 가볍게 떠난 여정이 갈수록 무겁고 힘겨워졌다. 분량도 예상보다 늘어났다. 내용이 너무 심각하지 않느냐고, 읽기에 부담스럽지 않겠냐고 불안할 때마다 편집자에게 물었다. 편집자와 이야기를 나누다 보면 '그렇지 않다', '괜찮다'는 위로의 말 너머로, '내가 본래 이런 사람'임을 새삼 깨닫곤 했다. 나는 아마도 시시콜콜한 일상에 별 재미를 못 붙이고 살아온 편일 게다. 그래도 이렇게 쏟아 냈으니 앞으로는 매일매일의 일상이 좀 가벼워지지 않을까?

고맙다. 그동안 내 여정에 함께해 준 모든 분들께 감사한다. 책의 방향을 의논하고, 원고에 꼼꼼히 의견을 달아 주고, 지치지 않도록 끊임없이 용기를 불어넣어 준 편집자 윤현아 씨에게 느끼는 고마움은 더할 나위 없이 특별하다. 여기 책의 마지막까지 눈길을 주신 독자 여러분들께도 감사드린다.

2020년 5월
권윤덕

그림책 목록

1 **＊만희네 집＊**   길벗어린이, 1995.
   - 일본 세일러출판사(The Sailor Publishing Co.), 1998.
   - 프랑스 소르비에출판사(Éditions du Sorbier), 2008.
   - 중국 이십일세기출판사(二十一世紀出版社), 2014.

2 **엄마, 난 이 옷이 좋아요**   길벗어린이, 2010(재출간).
   - 재미마주, 1998.

3 **만희네 글자벌레**   길벗어린이, 2011(통합본).
   - 『씹지않고꿀꺽벌레는 정말 안 씹어』. 재미마주, 2000.
   - 『생각만해도깜짝벌레는 정말 잘 놀라』. 재미마주, 2001.
   - 『혼자서도신나벌레는 정말 신났어』. 재미마주, 2002.

4 **시리동동 거미동동**   제주도꼬리따기노래 고쳐 쓰고 그림, 창비, 2003.
   - 일본 후쿠인칸(福音館書店), 2007.

5 **고양이는 나만 따라 해**   창비, 2005.

- 미국 케인밀러출판사(Kane/Miller Book Publishers), 2007.
- 프랑스 필리프피퀴에출판사(Éditions Philippe Picquier), 2007.
- 스페인 라다드살출판사(Lata de Sal Editorial), 2013.

6 **일파도굴**   길벗어린이, 2008.

- 대만 광지문화사업고분유한공사(廣智文化事業股份有限公司), 2012.
- 중국 이십일세기출판사(二十一世紀出版社), 2014.

7 **꽃할머니**   사계절, 2010.

- 중국 이린출판사(譯林), 2015.
- 미국 사나두출판사(XANADU Publishing), 2017.
- 일본 코로카라출판사(ころから), 2018.
- 제1회 대한민국출판문화상 저작자상 수상, 2010.
- 제3회 CJ그림책상, 2010.
- 『꽃할머니』 제작 과정을 담은 다큐멘터리 〈그리고 싶은 것〉 (권효 감독, 2013) 개봉.

8 피카이아 창비, 2013.

9 **나무도장** 평화를품은책, 2016.
◦ 제1회 롯데출판문화대상 본상 수상, 2018.

10 **씩스틴** 평화를품은책, 2019.

11 **용맹호** 사계절, 2021.